VOUS MÉRITEZ CE LIVRE !

Recettes faciles et délicieuses pour une vie saine

TOUS MES BOWLS

PAMELA REIF

VOUS MÉRITEZ CE LIVRE !

Recettes faciles et délicieuses pour une vie saine

TOUS MES BOWLS

hachette
CUISINE

AVANT-PROPOS

*« Écoutez votre corps, il sait ce dont il a besoin. »... mais l'écoutons-nous vraiment
ou n'entendons-nous que ce que nous voulons entendre ?*

....

Je m'appelle Pamela, je suis née en 1996 et j'ai
grandi en Allemagne. On disait de moi que j'étais
une enfant responsable, équilibrée et bien dans sa
peau. Ce qui à mon avis est toujours vrai et juste,
aujourd'hui où tout va plus vite, où les sources
(potentielles) de stress se multiplient. Je suis
heureuse d'avoir conservé ces traits de caractère.
Mon travail consiste à partager ma vie, mes
centres d'intérêt et mes pensées avec des gens
à travers le monde et ce faisant, à les encourager
à adopter un mode de vie plus sain. À 16 ans,
je commençais à poster des selfies sur les
réseaux sociaux. Aujourd'hui, ma communauté
sur Instagram et YouTube compte 5 millions
de personnes. J'ai du mal à l'imaginer. Je me dis
simplement que j'ai énormément de chance,
sachant que sur cette merveilleuse planète
des gens pratiquent mes exercices de fitness,
apprécient mes recettes et sont prêts à se sentir
mieux dans leur peau.

POURQUOI UN LIVRE DE RECETTES ?

Ne sont-ils pas déjà assez nombreux ? Ce n'est pas
faux et d'ailleurs jamais je ne prétendrais que mon
livre est bien mieux que tous ceux déjà présents
sur le marché. En fait, savoir que quelqu'un de
passionné a réussi dans la vie me rend heureuse.
À travers ce livre, je m'adresse à tous ceux qui
souhaitent faire du bien à leur corps. À toutes
celles et ceux qui veulent lui offrir ce qu'il mérite.
J'ai sélectionné chacune des recettes, cuisiné,

dressé et photographié chaque préparation, goûté
et savouré chaque plat. Là où des photographes
professionnels auraient par exemple utilisé de la
laque ou de la colle pour ajouter de l'éclat ou de
la brillance, j'ai fait appel à des produits naturels,
comme l'huile d'olive. Les images qui me mettent
en scène ont été prises par ma photographe et amie
Anna. Je décidais donc un jour de consacrer trois
semaines de ma vie « normale » pour bâtir ce livre.
Ces trois semaines ont duré une année.
J'avais totalement sous-estimé l'ampleur de la tâche.
En même temps, c'était un projet cher à mon cœur
et qui rapidement prit le pas sur tous les autres.
Je rédigeais mes recettes dans l'avion qui me
conduisait aux États-Unis, m'entretenais au
téléphone avec mon éditeur quelque part sur
une route en Allemagne et imprimais mes photos
lors de mes nuits solitaires à mon bureau.
Il était important pour moi de faire ce livre.
Mon frère Dennis se chargea de la traduction en
anglais et me soumit son travail. Encore une fois,
je pensais que c'était mieux de le faire nous-mêmes.
Si vous repérez une erreur ou quelque chose de
bizarre, j'assumerai. Pour rendre ce livre plus
« international », j'ai conservé deux ou trois mots
d'allemand, comme *kaiserschmarrn* (des sortes de
pancakes en lanières). J'espère que cela ne vous
dérangera pas !
Enfin, je dirais que c'est mon cadeau, pour chacun
de vous. Pour une vie saine et équilibrée, pleine
d'énergie et de bonheur. Parce que vous le méritez !

Sommaire

13   *Introduction*

16   GUIDE NUTRITIONNEL

18   FRUITS

22   LÉGUMES

27   HERBES AROMATIQUES ET ÉPICES

28   CÉRÉALES ET PSEUDO-CÉRÉALES

30   LÉGUMINEUSES

32   POISSON

33   VIANDE

34   LAIT ET SUBSTITUTS

36   MATIÈRES GRASSES ET HUILES

38   FRUITS À COQUE, GRAINES ET PÉPINS

40   SUPERALIMENTS

42   SUCRE ET SUBSTITUTS

47   CONSEILS NUTRITIONNELS

     ▸ *Mes principes*

     ▸ *Antioxydants*

     ▸ *Protéines*

     ▸ *Mieux digérer*

54   CONSEILS D'ACHAT

     ▸ *Ingrédients de base*

59   LES BOWLS REPAS

     ▸ *Pour bien démarrer*

BOWLS DU PETIT DÉJEUNER

67   *Porridge classique aux 4 ingrédients*

69   *Porridge aux cacahuètes et à la confiture*

71   *Porridge chaud aux fruits à coque et aux fruits séchés*

73   *Porridge cannelle à la confiture de figues maison*

75   *Porridge à la banane et au rawnola*

77   *Porridge au quinoa et à la vanille*

79   *Rawnola*

81   *Pudding crémeux au riz de sarrasin*

83   *Pudding chocolat et framboise aux graines de chia*

85   *Œufs brouillés à la banane et à la noix de coco*

87   *Galettes épinards et pois chiches à l'œuf poché*

89   *Œufs brouillés aux légumes et au sarrasin toasté*

91   *Œufs au four pauvres en glucides*

 BOWLS DE SMOOTHIE

95   *Smoothie aux baies d'açaï*

97   *Smoothie au chocolat et aux baies d'açaï – sans banane*

99   *Smoothie crémeux à la patate douce*

101   *Smoothie quotidien aux légumes*

103   *Smoothie lacté au curcuma*

105   *Smoothie aux baies hypocalorique*

107   *Smoothie protéiné au chocolat – délice classique*

109   *Smoothie vert énergétique*

111   *Smoothie saveur tarte aux pommes*

113   *Smoothie chocolat et potimarron*

115   *Smoothie brownie au caramel salé et au rawnola*

 BOWLS DU DÉJEUNER ET DU DÎNER

119   *Bowl bien-être classique : haché de bœuf sauté*

120   *Roquette au filet de bœuf et aux radis sautés*

123   *Bowl bien-être classique : riz de brocoli et poulet*

124   *Poulet en salade au curry, noix de cajou, riz et pousses d'épinards*

127   *Poulet en salade et avocat aux tomates séchées et au quinoa*

128   *Bowl complet*

130   *Boulettes de dinde et courgette au riz sauvage et à la sauce curry*

133   *Bowl de poulet teriyaki – recette de mon frère*

135   *Salade douceur à la patate douce rôtie parfum cannelle et à la feta*

137   *Quiche aux légumes – ma préférée*

139   *Bouddha bowl vegan protéiné*

140   *Risotto crémeux*

143   *Bowl détox ayurvédique – aux haricots mungo et au quinoa*

144   *Beignets vegan au potimarron, champignons et quinoa*

147   *Galette burger vegan avec frites et sauce dip aux noix de cajou*

150   *Terre et ciel – betterave rôtie, frites de patate douce et pomme au four*

153   *Légumes rôtis au four aux pois chiches grillés et pesto aux épinards*

154   *Spaghettis aux lentilles vegan à la bolognaise*

157   *Spaghettis de courgette aux lentilles vegan à la bolognaise*

159   *Salade express au pesto avec courgettes et noix grillées*

161   *Quinoa en salade – classique*

163   *Quinoa en salade – nouvelle version*

165   *Bowl arc-en-ciel aux légumes crus*

167   *Bâtonnets veggie à l'houmous – en-cas express*

169   *Velouté veggie express aux épinards, petits pois et noix de cajou*

171   *Velouté de potimarron à la noix de coco et au gingembre*

172   BOWLS DESSERT

175   *Crème glacée façon cookie*

177   *Crème parfaite aux 4 parfums*

181   *Crumble d'amande aux fruits*

183   *Ramequins de baies rôties au crumble chocolat et noix de coco*

185   *Kaiserschmarrn quinoa et amandes à la confiture maison*

187   *Pomme rôtie à la crème fraîche*

189   *Fruits à la sauce dip chocolat/avocat et houmous sucré*

191   *Gâteau noix de coco et banane aux éclats de chocolat*

193   *Carrot cake avec crème parfaite à l'amande croquante*

195 *Cookies à l'avoine et aux myrtilles*
197 *Douceur à la patate douce*
199 *Brownie à la courgette et à la pomme*
201 *Brownie au chocolat et aux haricots mungo*

202 BOWLS POUR ACCOMPAGNER

204 *Rawnola premium*
207 *Rawnola fruité – en moins de 10 minutes !*
209 *Chips veggie au four*
211 *Frites de pomme de terre et de patate douce*
213 *Confiture de baies zéro sucre*
214 *Confiture de figues*
215 *Pesto aux épinards*
216 *Houmous en 5 saveurs*

220 INDEX DES INGRÉDIENTS

222 REMERCIEMENTS

223 À PROPOS DE L'AUTRICE

224 *Achevé d'imprimer*
et crédits photographiques

ABRÉVIATIONS

mg	milligramme
g	gramme
kg	kilogramme
µg	microgramme
ml	millilitre
l	litre
c. à café	cuillère à café
c. à soupe	cuillère à soupe
kcal	kilocalorie : énergie requise pour élever la température de 1 litre d'eau de 1 °C. En règle générale, on l'utilise pour estimer la quantité d'énergie libérée dans l'organisme par un aliment donné. Les besoins énergétiques journaliers varient selon chacun, mais se situent en moyenne entre 1 600 et 2 500 kcal pour une femme.
pH	unité de mesure, basée sur une échelle de 1 à 14, permettant de définir l'acidité ou l'alcalinité d'une solution aqueuse. Les solutions acides ont un pH bas, les solutions alcalines un pH élevé.
indice ORAC	l'indice ORAC (capacité d'absorption des radicaux libres) est utilisé pour mesurer le pouvoir antioxydant des aliments.

Informations importantes

En règle générale, les quantités d'ingrédients par recette suffisent à la préparation d'un bowl. Le diamètre de mes bols est de 17 à 20 cm et de 12 à 15 cm pour les bols de préparations sucrées. Je recommande d'utiliser une balance de cuisine, sachant que pour de nombreuses recettes la précision influe largement sur le résultat.

À moins d'indications contraires, les valeurs nutritionnelles font référence à une portion, ici à un bol. Les garnitures sont intégrées dans le calcul, mais pas les ingrédients facultatifs.

La mention d'un temps de préparation vous permet d'estimer le temps passé par recette. Ce temps inclus la préparation elle-même, le repos et la durée de cuisson au feu ou au four.

Pour une cuisson au four j'utilise toujours le mode convection ou chaleur tournante.

J'utilise souvent un robot de cuisine, en l'occurrence un appareil permettant d'effiler, mixer et râper les ingrédients. Il ne s'agit pas d'un robot-mixeur.

Pour certains, une recette de bowl se limite à une préparation tout-en-un, concoctée dans le bol lui-même, sans recourir au moindre ustensile ou équipement de cuisine comme une poêle ou un four. Mais parce que j'aime les saveurs et les possibilités offertes par la cuisson au feu ou au four, les recettes de bowls de mon livre couvrent une gamme plus large.

Toutes les recommandations de produits de ce livre relèvent de mon opinion personnelle et n'ont fait l'objet d'aucun sponsoring.

 Végétarien : les recettes sans viande ni poisson portent ce pictogramme.

 Vegan : ceux qui ne consomment aucun produit d'origine animale, comme le poisson, la viande, les produits laitiers ou les œufs, trouveront plusieurs recettes portant ce pictogramme. Le miel peut facilement être remplacé par un substitut vegan, comme le sirop d'agave ou de dattes.

 Sans produits laitiers : pour un vegan, certains végétariens et ceux souffrant d'une intolérance au lactose, le lait de vache et les produits dérivés sont des aliments bannis. J'utilise peu de produits laitiers et vous trouverez dans ce livre de nombreuses recettes qui en sont exemptes.

Sans gluten : en cas de maladie cœliaque ou d'une intolérance au gluten, cherchez les recettes portant ce pictogramme. Les céréales contenant du gluten peuvent facilement être remplacées par des pseudo-céréales comme le quinoa ou le sarrasin. En règle générale, la plupart de mes recettes sont sans gluten.

LE BOL EN MAIN,
APPRÉCIEZ-LE AVEC
TOUS VOS SENS

PRÉSENTATION
APPÉTISSANTE

PRÉPARATIONS SOUVENT ADAPTABLES ET INGRÉDIENTS FACILES À SUBSTITUER

BOLS

UN LARGE ÉVENTAIL
AUX COULEURS
ET MOTIFS
MERVEILLEUX

CONCEPT SIMPLE :
BASE + GARNITURE

CONSOMMATION
RESPONSABLE

PORTION IDÉALE
POUR 1 PERSONNE

RECETTES SIMPLES VITE
CUISINÉES

INSPIRÉ PAR
LE BOUDDHISME

MARIAGE DE TEXTURES
ET DE SAVEURS

INTRODUCTION

« Vous le méritez »… mais qu'est-ce que je mérite au juste ?

Savez-vous ce que j'appelle un immense gâchis ? Ne pas apprécier ce que la vie a de meilleur à nous offrir. Mais je ne parle pas de ces brefs moments de plaisir à déguster une pizza ou une tablette de chocolat. Vous n'êtes pas d'accord ? Je peux comprendre. On cherche avant tout la satisfaction immédiate. Ce qui nous stimule rapidement, mais qui en fait nous tire un peu plus bas par la suite, aussi bien physiquement que mentalement. Tout le monde ne culpabilise pas après avoir mangé un hamburger – il n'y a d'ailleurs aucune raison à cela. Mais quand l'occasionnel devient quotidien, ce bref moment de plaisir s'évanouit rapidement… on s'y habitue très vite. On souffre de fatigue permanente, d'un manque de concentration, de douleurs abdominales, en même temps que l'on affiche un teint blafard et des cheveux ternes – sans même penser à la possibilité que tout ceci puisse être lié à notre alimentation.

VOUS ÊTES CE QUE VOUS MANGEZ

J'aime savoir pourquoi les choses arrivent et comment elles arrivent. Je veux savoir pourquoi je souffre de crampes d'estomac ou de ballonnement un jour, mais me sens parfaitement bien un autre

jour. C'est fascinant pour moi d'observer à quel point mon père peut être épuisé un jour et plein d'énergie le lendemain, jusque très tard le soir. Et effectivement, cela dépend de ce qu'il a mangé la veille. Quelque chose n'irait pas dans ma vie si je ne comprenais pas vraiment cela. Et le plus important, c'est que la solution est à portée de main. Chacun décide du chemin qu'il veut suivre et en aucun cas je ne déciderais pour quiconque. Ce mode de vie s'appuie sur une motivation durable, basée sur ce que je choisis de faire de mon corps, de ma santé et de mon bien-être intérieur. C'est moi qui prends la décision et qui éprouve ce sentiment de bien-être, d'énergie et de bonheur. Que va faire ma meilleure amie ? À elle de décider, comme à tout un chacun. Mais si vous voulez suivre ma « voie » et opter pour un mode de vie plus sain en puisant dans votre propre moti-vation, je serai ravie de vous apporter aide et conseils. C'est pourquoi j'ai voulu traiter de l'ali-mentation de façon générale au début de ce livre.

DES RECETTES APPÉTISSANTES

J'entends par là vraiment, vraiment bonnes. Fort heureusement, j'ai très vite réalisé que cela n'exigeait pas de talents extraordinaires ou des heures de cuisine. C'est bien moins de travail que ce que vous imaginez. Il suffit d'ingrédients frais, comme la nature sait nous les offrir. Non transformés, simples, souvent même moins chers que les aliments industriels, riches en vitamines, minéraux et fibres qui nous apportent santé et jeunesse de l'intérieur. Il ne s'agit pas d'ingrédients hypocaloriques ou maigres. Je ne parle pas de régime spécial qui vous laisse sur votre faim ou d'une forme de nutrition exigeant un substitut pour chaque chose. Votre alimentation sera pure et naturelle – c'est ce qui importe. C'est ce que « sain » signifie pour moi. Cela veut dire apprécier la nourriture, écouter son corps et trouver comment rester au meilleur de sa forme physique et mentale. Cela sera peut-être un peu différent pour vous. Mais si vous commencez par prêter attention à ce que vous mangez, vous trouverez le chemin à suivre. C'est pourquoi ce livre est adapté à chacun, peu importe l'âge, le sexe ou le poids de confort ciblé.

D'OÙ VIENNENT NOS ALIMENTS ?

Avez-vous besoin de consommer tous les jours des plats cuisinés, élaborés des semaines plus tôt par on ne sait qui, à l'aide d'ingrédients ultra-transformés (aux noms imprononçables), le tout enveloppé dans du plastique ? Peut-être même ont-ils été fabriqués par un robot. Des préparations dont la saveur initiale était peut-être celle du carton, enrichie à grand renfort de sucre, d'exhausteurs de goût et de colorants artificiels. Ne vous êtes-vous jamais demandé pourquoi la chair d'une pomme fraîchement cou-

pée brunit rapidement, alors qu'un plat cuisiné conserve sa « fraîcheur » durant un demi-siècle ? En fait, je doute que vous ayez vraiment besoin de plats cuisinés. Au moins y renoncerez-vous dès que vous réaliserez combien il est simple et rapide de cuisiner un délicieux repas à partir d'ingrédients naturels. Peut-être même que vos fringales répétées cesseront. Parce qu'en règle générale, elles ne sont pas liées à un manque de calories – nous en consommons plus qu'il n'en faut – mais à un besoin de l'organisme qui ne trouve pas dans les plats cuisinés tous les nutriments essentiels. Autrefois, les aliments étaient de meilleure qualité, quand on utilisait moins de produits chimiques et d'hormones et que les produits industriels étaient moins transformés. Ma grand-mère a toujours mangé ce qu'elle aimait… et elle est encore en parfaite santé.

QUAND MANGER SAIN DEVINT IMPORTANT POUR MOI

J'ai grandi en bénéficiant d'un régime alimentaire sain – merci, maman ! Mais cela commença à devenir très important pour moi à 16 ans, alors que je débutais la gymnastique. On sait que la pratique sportive ne donne aucun résultat si on ne mange pas correctement. Mais fallait-il que je consomme poudres en boîte et gélules ? Était-ce vraiment « sain » ? J'étais sceptique. Depuis, je m'intéresse plus en détail à tout ce dont le corps a réellement besoin pour disposer de suffisamment d'énergie, de force et bénéficier de tous les nutriments essentiels. Cela a eu une influence sur d'autres aspects de ma vie. En plus de ces petites choses comme la santé de mes cheveux, de mes ongles et de mon teint, je commençais aussi à noter une amélioration de mes performances. J'achevais ma scolarité avec succès, j'étais concentrée sur mon travail et plus important encore, j'appréhendais chaque jour avec une attitude positive et équilibrée. Nous créons notre propre stress et à la fin de la journée, cela se résume à une affaire personnelle. Mais ce sujet mérite un autre livre.

JE VEUX COMPRENDRE MON ALIMENTATION

Parce que le bien-être et la vitalité sont au cœur de mes préoccupations, des choses comme les calories, les protéines et les fibres m'importent. Il ne s'agit pas d'adopter une attitude négative et rigide envers la nourriture, mais plutôt de chercher à comprendre. Comprendre de quoi elle est faite, ce que votre corps fera d'elle et les effets qu'elle aura sur lui. Si le sujet vous ennuie et si vous avez tendance à entretenir une relation « anormale » avec l'alimentation, survolez les informations nutritionnelles. Le plus important est la qualité et le naturel de votre alimentation, tout le reste est secondaire.

POURQUOI DES BOLS ?

Je dois répondre à cette dernière question. Un bol est une pièce de vaisselle. Quand on parle de bowl, on sous-entend que le repas complet tient dans un bol. Cette tendance née aux États-Unis s'inspire en fait du bouddhisme.

On est supposé être plus conscient et attentif à la nourriture quand on mange dans un bol. Combien de fois dévorons-nous un repas sans même percevoir ses arômes, ses saveurs et les sensations qu'il procure en bouche ? Avec un bol tenu entre nos mains, on perçoit le poids de la nourriture, on sent sa chaleur. Un bol représente toujours une portion et vous savez aussitôt quand il est plein. Impossible d'y empiler la nourriture, comme on a tendance à le faire dans une assiette. Les ingrédients ne sont pas séparés les uns des autres, leurs saveurs interagissent, se mêlent et s'additionnent. C'est le récipient parfait pour dresser une préparation de façon créative, agréable à l'œil. Un plaisir accru par une sensation de légèreté et au final un système digestif qui vous remerciera.

DES INGRÉDIENTS LOCAUX

Parce que je vis encore en Allemagne, je ne peux garantir que les ingrédients utilisés ici sont tous disponibles au rayon bio des supermarchés. Il se peut que vous ayez du mal à dénicher un ingrédient particulier. Dans ce cas, n'hésitez pas à lui trouver un substitut. Pas question de faire l'impasse sur une recette en l'absence d'un seul ingrédient, le plat sera sûrement aussi bon avec un substitut local. Je commande aussi certains ingrédients en ligne – on trouve presque tout sur internet !

Guide nutritionnel

① 1

Depuis que le sport et le fitness occupent une place privilégiée dans ma vie, la nutrition est devenue un sujet tout aussi important à mes yeux. Je me suis toujours demandé ce dont mon corps avait besoin pour disposer de suffisamment d'énergie, de force et de nutriments essentiels. Je veux savoir et comprendre de quoi est faite mon alimentation, la façon dont mon corps la gère. Pour moi, il est primordial de réaliser à quel point une nutrition saine influe de façon positive sur les performances, la concentration et l'humeur. Prendre conscience de ce que l'on mange impacte bien plus que notre seule santé physique.

Les informations fondamentales compilées au fil des pages suivantes vous aideront à mieux comprendre ce que vous mangez réellement et ce que signifie une alimentation « saine ». Peu importe si la nutrition est un domaine qui vous est totalement étranger ou s'il s'agit pour vous de rafraîchir quelques connaissances – tout le monde y trouvera de quoi en retirer quelques enseignements. Je ne prétends pas à l'exhaustivité, car en matière de diététique il y a toujours à apprendre. J'ai simplement réuni quelques éléments qui, à mon sens, comptent parmi les plus importants. La première étape sur la voie d'un régime plus sain vous paraîtra un peu plus facile quand vous comprendrez votre alimentation. Je suis certaine que cela vous aidera à agir de façon responsable, pour le bien de votre corps, de votre mental et de votre forme physique. J'aime prendre en charge ma vie et ma santé et j'espère vous inciter à faire de même.

FRUITS

La catégorie regroupe fruits et graines qui, en règle générale, peuvent être consommés crus. Ils poussent généralement sur des arbres, des arbustes et des buissons. Certains types de légumes, comme le concombre, la tomate et le poivron sont d'un point de vue botanique considérés comme des fruits, parce qu'ils se développent à partir de fleurs pollinisées. On distingue fruits tropicaux, fruits sauvages, agrumes, fruits à pépins et noyaux, baies et fruits à coque.

Comme les légumes, les fruits regorgent de vitamines, minéraux et fibres, avec souvent une concentration élevée en nutriments. De plus, ils abritent d'importantes quantités de fructose, mais aussi d'acides de fruits. En plus de leurs saveurs, ces acides de fruits stimulent nos sucs digestifs. Fruits et légumes sont une source essentielle d'un des nutriments parmi les plus importants : la vitamine C. Indispensable au système immunitaire et conjonctif, elle favorise l'assimilation du fer. L'apport journalier recommandé en vitamine C est de 100 mg, ce qui est presque assuré par la consommation de deux oranges. En dehors de ce fruit, la vitamine C est surtout présente dans les fraises, les agrumes et les mûres. Comme les légumes, les fruits contiennent des composés phytochimiques bienfaiteurs. Les fruits de couleur orange, comme l'abricot et la papaye, sont riches en bêta-carotène.

Ce colorant naturel, une fois transformé en vitamine A, assure différentes fonctions organiques importantes, comme la régulation du développement cellulaire et le contrôle du système immunitaire. Le bêta-carotène possède aussi de puissantes propriétés antioxydantes et lutte contre les radicaux libres. Les radicaux libres sont des atomes instables et toxiques, naturellement créés par l'organisme sous l'effet de l'oxydation – un processus intensifié par le stress, le tabagisme et plus simplement l'âge. Présents en grand nombre, ils sont nocifs pour les cellules, accélèrent le vieillissement, favorisent l'inflammation et les maladies. Les antioxydants nous aident à gérer les radicaux libres et à maintenir un équilibre sain dans l'organisme. En faisant nos courses, nous trouvons parfois des fruits encore durs et pas assez mûrs. Ce n'est pas un problème lorsqu'il s'agit de fruits dont la maturation se poursuit après leur cueillette, comme la poire, le kiwi, la mangue et la prune. Veillez à conserver ces fruits hors du réfrigérateur, à température ambiante. Pour accélérer leur mûrissement, vous pouvez aussi les stocker à proximité de pommes. En effet, la pomme libère un gaz, l'éthylène, qui stimule la maturation des végétaux – une astuce simple, mais efficace ! En règle générale, les fruits locaux sont conservés au frais ou au congélateur, alors que les fruits exotiques préfèrent une température ambiante.

Pomme

Elle stimule plusieurs fonctions organiques, du microbiote intestinal à la fonction pulmonaire et même cérébrale, grâce à une teneur élevée en différentes et puissantes substances végétales secondaires. Elle abaisse le taux de cholestérol et prévient les problèmes cardiovasculaires.

Banane

Elle régule la tension artérielle grâce à sa teneur en un oligo-élément, le potassium, qui prévient crise cardiaque et artério-sclérose. Idéale pour un apport d'énergie rapide, elle est privilégiée par les athlètes et constitue un en-cas idéal avant ou après l'effort.

Baies

Elles sont souvent pauvres en sucre et constituent en règle générale une source précieuse en antioxydants et vitamines. Les fraises sont riches en vitamine C (environ 60 mg/100 g). Les baies surgelées ne présentent pas de différences majeures quant à leur teneur en vitamines.

Poire

Elle présente la teneur la plus élevée en fibres, avec environ 3,3 g/100 g. Calcium et potassium favorisent un bon métabolisme et contribuent au drainage en cas de rétention d'eau. Moins riche en acides de fruits que la pomme, sa saveur est plus douce.

Datte

Un concentré de calories (environ 280 kcal/100 g), mais très peu d'acides gras et beaucoup de vitamines C et B, ainsi que du potassium, du fer et du calcium. Naturellement sucrées, les dattes sont un substitut idéal au sucre industriel.

Figue

Pauvre en acides et riche en fibres, la figue stimule la digestion et prévient la constipation. Elle appartient au groupe d'aliments parmi les plus alcalins. La figue séchée contient plus de calcium que le lait !

Grenade

Pauvre en calories (environ 74 kcal/100 g), la grenade abrite un acide gras polyinsaturé, l'acide punicique, et une substance végétale secondaire, la punicalagine, aux propriétés anti-inflammatoires qui préviendraient la maladie d'Alzheimer.

Pamplemousse

Les substances amères qu'il contient stimulent le processus de combustion des graisses et font baisser le taux de cholestérol. Le pamplemousse prévient le diabète. Il est aussi capable d'éviter un gain de poids !

Noix de coco

On la considère souvent comme un superaliment en raison de sa teneur élevée en vitamines et en minéraux. Elle offre des propriétés antibactériennes, stimule la digestion, prévient la déshydratation et affiche une teneur élevée en antioxydants.

Mangue

Riche en bêta-carotène, potassium et vitamines A, C et E. Le glutamate qu'elle abrite est bénéfique pour la mémoire, en favorisant la concentration et en stimulant le système nerveux.

Orange et mandarine

Concentrées en vitamines qui protègent les cheveux et la peau. Leur substance active, la synéphrine, abaisse le taux de cholestérol. Mieux vaut consommer le fruit entier plutôt que de boire un jus d'orange !

Pêche

Pauvre en sucre (environ 9 g/100 g) mais concentrée en bêta-carotène, la pêche est bénéfique pour les yeux et la peau. Ses enzymes régulent le métabolisme et favorisent la digestion.

Prune

Considérée comme un laxatif naturel en raison de sa teneur en substances végétales solubles dans l'eau. Mieux vaut éviter une surconsommation ou la consommation simultanée d'une trop grande quantité d'eau : la pectine et la cellulose causent des ballonnements.

Raisin

Ses substances végétales secondaires comme le resvératrol protègent le système nerveux, abaissent la tension artérielle et réduisent le taux de cholestérol. La peau affiche la teneur la plus élevée en resvératrol.

Pastèque

Sa teneur en acide aminé L-citrulline aide à dilater les vaisseaux sanguins, donc à améliorer la circulation sanguine et la santé du cœur. Concentrée en fructose, elle peut être source de ballonnement. Mieux vaut ne pas la consommer avec d'autres aliments.

Citron jaune

Sa teneur élevée en vitamine C (50 mg/100 g) le distingue des autres fruits. Il stimule le système immunitaire, participe à la protection des cellules et prévient les petites faims.

OÙ CONSERVER LES FRUITS ?

RÉFRIGÉRATEUR	TEMPÉRATURE AMBIANTE	ENDROIT SOMBRE ET FRAIS
Abricot, figue, raisin, kiwi, prune, fraise	Agrumes, fruits tropicaux (banane, mangue, ananas)	Pomme, poire

PETITE ASTUCE : les pépins de fruits comme le raisin renferment de précieux nutriments, donc n'hésitez pas à les consommer. Les végétaux abritent naturellement des pépins. Les fruits sans pépins sont créés uniquement pour la consommation humaine, donc ceux avec pépins sont toujours plus sains et naturels !

Combien de fruits et légumes devez-vous consommer par jour ? Si vous me le demandiez, je vous répondrais : jamais assez ! Le fructose ne me fait pas peur. En règle générale, on parle de cinq portions minimum de fruits et légumes par jour. Une portion doit tenir dans votre main, ce qui est facile à évaluer. Si vous avez du mal à atteindre cette quantité, laissez-moi vous conseiller les smoothies – pour ma part verts de préférence. Préparez-les à base de fruits ou de légumes frais ou surgelés, pour les consommer aussitôt mixés, comme une boisson ou un bowl de smoothie. Vous trouverez plusieurs recettes de bowls de smoothie dans ce livre. Sinon, innovez un peu et faites revenir brièvement les fruits à la poêle, saupoudrés d'une pointe de cannelle et mélangés à des légumes. À moins de les préférer crus et nature.

Certains fruits, comme la banane, l'ananas ou la mangue sont naturellement riches en fructose. Ce sucre n'a rien à voir avec le sucre industriel et un fruit vous procure en même temps de précieux enzymes, fibres, vitamines et minéraux, qui aident l'organisme à l'assimiler. Néanmoins, selon leur teneur en fructose, certains fruits peuvent influer sur votre niveau de sucre sanguin. Pour moi, les fruits sont les saines « douceurs » de la nature.

INFO : les minéraux sont fixés aux cellules des fruits et légumes. En les mixant ou les réduisant en compote, les cellules sont rompues et les minéraux libérés sont plus faciles à assimiler au cours de la digestion. Les jus de fruits, smoothies et bowls de smoothie faits maison tirent avantage de ce traitement.

LÉGUMES

Le terme « légume » désigne les parties comestibles d'une plante ou une plante entière comestible. Comparés aux fruits, généralement récoltés sur une même plante durant des années, les légumes sont le plus souvent récoltés une ou deux fois dans l'année, avant une nouvelle plantation. Les légumes se distinguent selon la partie de la plante utilisée, par exemple feuilles, fruits, fleurs, tubercules, pousses, tiges ou racines. On peut aussi inclure les herbes aromatiques et les champignons dans la famille des légumes. Ces définitions ne sont néanmoins pas si précises, car pour être exact les champignons forment un règne à part. Par ailleurs, certains légumes, comme le concombre et la tomate sont en réalité des fruits d'un point de vue strictement botanique.

On apprend aux enfants que les légumes sont très sains. Mais pourquoi ? Comparés à d'autres aliments, les légumes présentent la concentration en nutriments la plus élevée. C'est pourquoi les légumes doivent représenter la plus grande part d'un repas quand on veut suivre un régime sain et équilibré. Les recettes de ce livre sont toutes basées sur les légumes ! Pour partir sur de bonnes bases, commencez par intégrer une recette de bowl par jour dans votre programme de menus. Grâce à leur teneur élevée en eau, environ 75 à 95 %, les légumes sont hypocaloriques. Ce faible apport énergétique, associé à une teneur élevée en fibres, signifie que la consommation journalière de légumes prévient l'obésité et d'autres maladies. Les légumes sont aussi riches en vitamines et minéraux. Parce que notre organisme ne peut pas les produire seul, nous devons les trouver dans les aliments – c'est pourquoi ils sont dits « essentiels ». Les fibres alimentaires des légumes sont digérées en partie seulement. Ces fibres végétales absorbent les substances toxiques, stimulent la digestion et augmentent le volume du bol alimentaire. Cela signifie qu'elles gonflent et nous procurent un sentiment de satiété durable. De plus, les fibres végétales ont un effet positif sur les taux de cholestérol et de sucre sanguins. De nos jours, la plupart des gens ne consomment pas assez de légumes. Cela se traduit par une paresse digestive, très vite source d'une désagréable constipation. Vous devez consommer au moins 30 g de fibres par jour, de préférence issues de légumes, fruits et produits céréaliers complets. À titre d'exemple, une pomme représente 3 g de fibres et une tranche de pain complet environ 6 à 7 g.
Je veille à sélectionner une gamme de fruits et légumes de différentes couleurs. La couleur des végétaux est en rapport avec les substances végétales secondaires qu'ils contiennent.
On en dénombre à ce jour 100 000 différentes, remplissant chacune différentes tâches et fonctions au cœur des végétaux.

Avocat

Riche en sains acides polyinsaturés, il favorise la santé de la peau et procure un sentiment de satiété durable. Il offre aussi une teneur élevée en potassium et renferme de nombreuses substances végétales secondaires.

Brocoli

Un légume riche en vitamines, minéraux et substances végétales secondaires. Légèrement anti-inflammatoire, grâce à sa teneur en kaempférol, il est connu pour sa capacité à prévenir différentes maladies.

Concombre

Il possède des propriétés détoxifiantes et hydratantes. Sa teneur en peptidase, un enzyme, favorise la digestion, tout comme ses fibres alimentaires qui constituent l'essentiel du légume.

Carotte

On sait que sa teneur en bêta-carotène est élevée, d'où sa couleur orange. L'organisme convertit le bêta-carotène en vitamine A au cours de la digestion. Cette dernière contribue à la santé de la peau en prévenant son vieillissement précoce.

Pomme de terre et patate douce

Riches en protéines de bonne qualité et en minéraux, comme le potassium. La patate douce contient plus de fibres, de vitamines A et E. La pomme de terre, plus abordable, est cultivée dans de nombreuses régions d'Europe.

Courge

Un effet antioxydant et un soutien du système immunitaire appréciable à l'automne. Le tryptophane, acide aminé essentiel présent dans les pépins, stimule la production d'hormones du bonheur. L'huile de pépins de courge stimule la santé de la vésicule biliaire et de la prostate.

Lentilles, pois et haricots

Non cuits et secs, ils contiennent plus de protéines que la viande, d'où leur intérêt dans les régimes végétarien et vegan. Riches en fibres, potassium et magnésium, ils participent aussi à réguler la tension artérielle.

Poivron

C'est un concentré de vitamines. Un poivron rouge suffit à couvrir l'apport journalier recommandé en vitamine C (environ 100 mg). Il soutient le système immunitaire, prévient les maladies et participe à la santé des yeux, grâce à sa teneur en caroténoïdes.

Champignons

Des concentrés de protéines (environ 5,5 % pour les cèpes) et de fer. À titre d'exemple, 100 g de girolles représentent 6,5 mg de fer, soit la moitié de l'apport journalier recommandé.

Radis

Sa teneur en huile essentielle de moutarde lui vaut des propriétés antibactériennes et anti-inflammatoires. Des études ont établi un lien entre huile essentielle de moutarde et propriétés anti-cancéreuses.

Betterave

Sa teneur en nitrates contribue à faire baisser la tension artérielle et accroît l'endurance. Les sportifs l'adorent. Sa teneur en bétalaïnes lui confère des propriétés anti-oxydantes et anti-inflammatoires.

Salade

Avant tout à base de fibres et d'eau, elle est hypocalorique. La mâche est un concentré de vitamines et de minéraux. Les substances amères présentes notamment dans la chicorée favorisent la digestion et renforcent le système immunitaire.

Épinard

Riche en minéraux et vitamines essentielles, hypocalorique, riche en fibres et antioxydants. Il favorise la digestion et prévient le vieillissement. Sa teneur élevée en fer est un mythe. Les pousses d'épinards sont souvent consommées crues en salade.

Tomate

Trésor de vitamines C et B, elle favorise par ailleurs la concentration. Une des substances les plus importantes présente dans la tomate est le lycopène, un agent phytochimique qui prévient les maladies cardiaques et l'artériosclérose.

Courgette

Membre de la famille des cucurbitacées (incluant la courge, le melon et le concombre), elle abrite magnésium, potassium, acide folique et plusieurs autres substances saines. Une petite courgette suffit à couvrir un tiers des besoins journaliers en vitamine C.

Oignon et ail

Leur teneur élevée en composés sulfurés aux propriétés anti-oxydantes est responsable de leur arôme et de leur amertume. Ils favorisent la combustion des graisses et régulent la tension artérielle.

> Pour une **cuisson à l'étouffée**, les légumes sont cuits dans peu de liquide, afin de conserver leur propre jus.

....

> Pour une **cuisson vapeur**, les légumes sont placés dans un panier vapeur au-dessus d'une casserole d'eau bouillante.

....

> Pour **blanchir** des légumes, on les plonge brièvement dans une eau bouillante, avant de les rafraîchir dans une eau glacée.

....

Les substances végétales secondaires influent sur l'aspect de la plante, son odeur ou sa capacité à repousser les nuisibles. Elles ne sont pas essentielles à la vie, mais ont des effets positifs sur notre organisme. Ainsi, elles minimisent le risque de développer différentes maladies, font baisser le taux de cholestérol, favorisent la santé de nos artères et présentent des propriétés anti-bactériennes et anti-inflammatoires.

Pour varier la saveur des légumes, modifiez la composition de leur assaisonnement ou essayez différentes méthodes de préparation et techniques de cuisson. La cuisson des légumes doit se dérouler à feu doux, au risque de détruire leurs vitamines et leurs nutriments. Sous l'effet d'une cuisson trop vive, la salade qui est sensible à la chaleur développe une saveur désagréable et perd tous ses sains nutriments. Privilégiez des techniques de cuisson moins agressives – étouffée, vapeur ou blanchiment – pour préserver un maximum de nutriments. En traitant les légumes délicatement, vous optimiserez leurs effets positifs et diététiques. J'apprécie aussi les

légumes sautés à la poêle ou rôtis au four, riches d'incroyables saveurs.

Il est absolument nécessaire de cuire certains légumes, potentiellement toxiques s'ils sont consommés crus. Ainsi, les pommes de terre et les aubergines encore vertes renferment un poison naturel, la solanine, toxique pour l'homme en grandes quantités, que seule la cuisson permet de neutraliser. De là vient l'obligation de retirer les parties vertes et les germes des pommes de terre, de même qu'il est déconseillé de manger des tomates encore vertes. Pour les petites faims à l'extérieur, j'aime disposer de bâtonnets de légumes croquants, comme les carottes, poivrons ou concombre. Je les transporte dans un récipient en acier inoxydable, lavés et prédécoupés.

Pour les légumes consommés crus, et les légumes en général, préférez les versions bio, afin de limiter leur teneur en pesticide. Comme on le sait, l'essentiel des vitamines loge au niveau de la peau. Ainsi, quand la peau est comestible, je privilégie la consommation de légumes bio non pelés.

Pour tirer le maximum de bienfaits de vos légumes, veillez à bien les conserver. En règle générale, le froid ralentit le métabolisme d'une plante ; ainsi les légumes restent frais plus longtemps. La plupart des légumes se conservent sans problème au réfrigérateur, mais certains supportent mieux un stockage dans un endroit frais. Évitez de conserver au réfrigérateur des légumes à teneur élevée en eau, sensibles au froid qui leur fait perdre rapidement leur saveur. Légumes et fruits de zones tropicales, comme les avocats ou les bananes, n'aiment pas le froid. L'oignon et l'ail pourrissent rapidement au réfrigérateur. En général, plus longtemps vous conserverez un légume, plus il perdra en nutriments, vitamines et saveurs. D'où l'intérêt à planifier vos achats. Pour une conservation longue durée, la congélation reste le moyen le plus adapté à la plupart des légumes. Dans ce cas, mieux vaut les laver et les blanchir au préalable. Le blanchiment conserve intacts les nutriments, la couleur et les saveurs d'un légume.

PETITE ASTUCE : conservez toujours les légumes à l'écart des fruits, en raison de l'éthylène, ce gaz libéré par les pommes, les poires, les pêches et les prunes qui accélère la maturation. L'éthylène fait mûrir les légumes, mais accélère aussi leur pourrissement.

STOCKAGE ET CONSERVATION : À FAIRE ET À NE PAS FAIRE

RÉFRIGÉRATEUR	TEMPÉRATURE AMBIANTE	ENDROIT SOMBRE ET FRAIS	NE PAS CONGELER
Asperge, brocoli, chou, carotte, chou-fleur, laitue iceberg, chou-rave, laitue, champignons, pois, radis, épinards, oignons nouveaux	Avocat, haricots, concombre, tomate, courgette	Aubergine, ail, oignon, pomme de terre, courge	Artichaut, germes de soja, oignon, radis, légumes à teneur en eau élevée (concombre, laitue, etc.)

HERBES AROMATIQUES ET ÉPICES

....

Les épices sont essentiellement élaborées à partir de plantes séchées ou de parties de plantes, comme l'écorce (cannelle), les racines (gingembre), les graines (noix muscade) et les fruits (poivre noir, vanille). Les herbes aromatiques sont proposées fraîches ou séchées, certaines sont aussi considérées comme des épices. La puissance de leur saveur tient à leur teneur en huiles essentielles, qui stimulent l'appétit et la digestion, tout en complétant le manque de saveur d'autres aliments.

Selon moi, l'utilisation d'herbes aromatiques et d'épices pour rehausser des plats est largement sous-estimée. Ces ingrédients apportent pourtant ce petit quelque chose en plus à un plat. De plus, ils sont diététiques – les herbes sont utilisées depuis des siècles en médecine. Des herbes aromatiques (carvi, marjolaine, graines de fenouil) augmentent la tolérance de l'organisme aux légumineuses et calment douleurs abdominales et ballonnements. Le persil prévient les calculs de la vésicule biliaire et rénaux, stimule la production de globules rouges et équilibre la digestion. Les épices sont plus souvent utilisées dans les régions tropicales. On suppose qu'en raison de l'humidité ambiante, elles participaient autrefois à préserver les aliments. Ainsi, la cannelle permet de lutter contre la moisissure, alors que les clous de girofle et l'ail aident à combattre les infections intestinales liées à la bactérie *E. coli*.

Vous pouvez cultiver des herbes aromatiques à domicile, même en l'absence de jardin ! Trouvez un coin ensoleillé, comme le rebord d'une fenêtre. Les herbes suivantes se prêtent à la culture en intérieur : persil, menthe, basilic, origan, romarin, coriandre et thym. En dehors de la cuisine, elles sont aussi parfaites en infusion.

ASTUCE :

Conservez épices et herbes aromatiques séchées à l'abri de la lumière, dans des récipients hermétiques, sinon ils perdront couleur et arôme. En cas d'utilisation d'herbes fraîches en cuisine, sachez que plus elles sont finement hachées, plus elles libèrent d'huiles essentielles. Une fois hachées, utilisez-les sans attendre, pour éviter l'évaporation des huiles essentielles.

INFO :

Le sel est un minéral et non une épice. Un minéral essentiel à la vie, mais souvent décrié en raison de son effet rétenteur d'eau. Mais tous les sels ne se ressemblent pas. Les versions industrielles proposent des sels iodés bas de gamme ou du sel de table exempt de ces minéraux nécessaires à l'organisme pour assimiler le sel. Préférez un sel marin naturel ou un sel rose de l'Himalaya, sans risque de rétention d'eau.

CÉRÉALES
ET PSEUDO-CÉRÉALES

....

Le terme générique « céréales » désigne ces graminées dont les graines sont utilisées dans l'alimentation. Ces graines sont aussi appelées céréales. Maïs, blé et riz sont les céréales les plus cultivées et jouent un rôle majeur dans l'alimentation de la population mondiale. Elles font partie des plus anciens aliments connus. Les céréales sont utilisées pour produire du pain, du muesli, du café, de la bière et d'autres boissons alcoolisées, ainsi que de la nourriture pour animaux.

Les céréales consistent essentiellement en amidon et présentent globalement une haute valeur nutritionnelle. Elles sont riches en fibres, glucides, vitamines et calcium. Pour tirer le meilleur de ces précieux nutriments, je recommande de consommer des produits céréaliers frais. Pour obtenir de la farine complète, enveloppes et germes sont aussi moulus et incorporés au produit final, très différent de la farine de blé ordinaire de type 405. L'enveloppe superficielle des céréales abrite des protéines, du magnésium, de la vitamine B1 et des fibres.

Vous pouvez moudre vos céréales complètes fraîches au robot-mixeur. Dans certains supermarchés bio, du moins en Allemagne, car cela diffère d'un pays à l'autre, vous avez la possibilité d'utiliser un moulin à farine mis à la disposition des clients qui achètent un paquet de céréales complètes.

Ma mère avait l'habitude de procéder ainsi chaque fois qu'elle préparait son pain, mais un Noël nous avons décidé de lui offrir (ou plutôt de nous offrir) un moulin à farine pour sa cuisine.

Au fil du temps, les céréales ont été altérées et manipulées sous l'effet de croisements et d'hybridations réalisés par l'homme. L'objectif était de produire des cultures résistant aux nuisibles et aux aléas environnementaux, tout en augmentant le rendement à travers la culture de graines plus grosses. De même, les processus de boulangerie sont désormais moins longs. De plus en plus de gens présentent une réaction allergique ou une sensibilité aux aliments contenant du gluten. Pour eux, les pseudo-céréales sont de véritables substituts. Ces pseudo-céréales sont les graines de plantes qui ne sont pas considérées comme des graminées. Elles incluent amarante, quinoa, sarrasin et chanvre. Elles ont l'aspect de céréales et offrent une teneur en ingrédients de qualité, mais ne contiennent pas de gluten. Cela signifie aussi que vous ne pouvez pas préparer un pain en recourant à ces seules graines. Mais en dehors du pain, elles sont parfaites pour la préparation de bien d'autres recettes !

Sarrasin

Cette pseudo-céréale présente environ 10 g de protéines/100 g, facilement assimilées par l'organisme. Le sarrasin peut prévenir le diabète et avoir un effet positif sur le taux de sucre sanguin.

Épeautre

Plus digeste pour les gens souffrant d'allergies alimentaires, l'épeautre contient beaucoup plus de vitamines et de minéraux que le blé. Sa teneur en acide silicique garantit un effet bénéfique pour la peau, les cheveux et les ongles.

Avoine

Un équilibre nutritionnel parfait. De toutes les céréales, elle offre la teneur la plus élevée en vitamines B1 (590 mg/100 g) et B6 (160 mg/100 g). Ses fibres alimentaires préviennent l'élévation des taux de sucre et de cholestérol, tout en procurant un sentiment de satiété durable.

Maïs

Originaire du Mexique, le maïs suffit, avec 100 g, à couvrir environ 34 % de nos besoins journaliers en magnésium. Il est aussi zéro gluten.

Quinoa

Un vrai superaliment, plus riche en minéraux que les céréales classiques, avec 8 mg de fer pour 100 g de quinoa, soit deux fois plus que le blé. Il contient aussi de précieuses protéines (environ 14 g/100 g) avec tous les acides aminés essentiels.

Riz

On dénombre plus de 100 000 variétés de riz. Le riz brun est une précieuse source de magnésium. Malheureusement, le riz est souvent contaminé par une toxine, l'arsenic, neutralisée en rinçant abondamment le riz avant cuisson.

Seigle

Riche en lysine, un acide aminé qui fait partie des blocs de construction des protéines et stimule la formation de vaisseaux sanguins. Sa teneur élevée en fibres entraîne un effet de satiété. Il régule les taux de sucre et de cholestérol.

Blé

Céréale connue pour être à la base du pain blanc, elle consiste en simples glucides ou glucides vides, à l'effet négatif sur le taux de sucre sanguin. En dehors de la farine blanche, le blé permet aussi de produire de la farine complète.

LÉGUMINEUSES

Les légumineuses sont des plantes et graines qui mûrissent à l'intérieur de gousses. Parmi les plus connues : haricots, pois, pois chiches, lentilles, soja et lupin. Botaniquement parlant, les cacahuètes sont aussi des légumineuses. Sous forme sèche, les légumineuses abritent bien plus de protéines que la viande ou que tout autre aliment d'origine végétale, ce qui en fait une source de protéines importante pour les adeptes d'un régime végétarien ou vegan. Les protéines présentent une haute valeur biologique, mais leur seule consommation ne suffit pas à apporter tous les acides aminés (voir page 50, Protéines). Avec une incroyable teneur en fibres de 20 %, les légumineuses procurent par ailleurs un sentiment de satiété durable. Mais n'oubliez pas que ce pourcentage est celui de haricots secs, non cuits. Cette teneur élevée en fibres participe à ralentir la digestion et à maintenir un taux de sucre constant dans le sang. Des minéraux comme le fer, le potassium et le magnésium présents dans les légumineuses jouent un rôle positif sur la santé.

Les légumineuses ne se limitent pas aux plats d'accompagnements, mais entrent aussi dans la préparation de soupes, purées et tartinades. On les réduit en farine et on les utilise même pour la fabrication de nouilles. En dehors des protéines, glucides et fibres, les légumineuses affichent une teneur de moins de 1 g de lipides pour 100 g. La seule exception : les haricots de soja, avec 5 g de lipides pour 100 g. Des haricots de soja on tire une boisson populaire, mais aussi de l'huile, de la farine, une sauce, une pâte, du tofu, du tempeh et d'autres substituts de viande. Cette polyvalence en fait une des légumineuses les plus populaires. Néanmoins, je n'ai utilisé aucun produit à base de soja dans ce livre de recettes, car selon moi il existe de multiples raisons incitant à limiter sa consommation régulière. La culture du soja exige de vastes superficies et contribue malheureusement à la déforestation. Par ailleurs, 80 % du soja produit à travers le monde est génétiquement modifié. Il contient aussi des œstrogènes, les isoflavones, qui perturbent les récepteurs hormonaux et entraînent un déséquilibre hormonal.

BON À SAVOIR

Ne consommez pas de légumineuses crues, en raison de leur teneur en substances nocives et en partie toxiques que seule la cuisson neutralise. Pour faciliter leur digestion, mettez-les à tremper avant de les cuire ou laissez-les germer. Plus la durée de trempage sera prolongée, mieux ce sera. Cela permet de réduire le temps de cuisson, facilite l'assimilation des minéraux et dissout les glucides non digestibles, ainsi mieux digérés. Les lentilles et les pois écossés peuvent être cuits sans trempage préalable. En règle générale, les légumineuses écossées sont plus faciles à digérer. Avant trempage, rincez-les abondamment dans une passoire sous l'eau froide. Transférez-les dans une casserole ou dans un saladier et ajoutez trois fois leur volume d'eau. Couvrez d'un couvercle ou d'un torchon et laissez tremper environ 12 heures ou toute une nuit, à température ambiante. Puis jetez l'eau, chargée en glucides non digestibles.

Rincez une nouvelle fois les légumineuses sous l'eau froide, avant de les cuire selon les instructions données sur le paquet. Les pois chiches cuits ou en boîte doivent être pelés avant utilisation, afin de les attendrir et de rendre la préparation plus subtile. Pour peler les pois chiches, frottez-les entre vos mains dans un saladier rempli d'eau. Il suffira de récupérer et de jeter les enveloppes qui flotteront en surface.

Dans mon placard, je dispose toujours de légumineuses comme les pois, les pois chiches et les lentilles corail, mais aussi de riz et de quinoa, une pseudo-céréale.

POISSON

....

Dans notre régime alimentaire, le poisson représente une source traditionnelle de protéines. Jusqu'à présent, environ 17 % de nos besoins en protéines étaient assurés par le poisson, mais ce pourcentage tend à augmenter. Le poisson apporte de nombreux ingrédients de qualité, comme le tryptophane, un constituant des protéines à la base de la sérotonine ou hormone du « bonheur », qui préviendrait les maladies cardiovasculaires. Par ailleurs, le poisson est connu pour sa teneur en acides gras oméga, qui préviennent l'hypertension, mais aussi l'infarctus. Si le poisson est en lui-même un aliment très sain, sa qualité est aujourd'hui variable et sa consommation peut conduire à de sérieux problèmes.

Les experts mettent en garde contre une pollution croissante aux micro-plastiques et métaux lourds, comme le mercure. Les poissons, au sommet de la chaîne alimentaire, présentent une teneur en substances toxiques plus élevée. Prenons un menu à base de sushis, dont on peut imaginer qu'il se compose à 90 % de saumon, crevettes ou thon. Très tendance depuis quelque temps, la consommation de sushis n'est pas sans conséquence. L'essor sans précédent de la demande de ces espèces en particulier entraîne une surpêche.

Selon le « Rapport Planète Vivante 2018 » du World Wild Fund for Nature (WWF), la population de poissons et la faune marine en général ont été réduites de moitié au cours de ces quarante dernières années. Mais les océans ont à nous offrir bien d'autres espèces et créatures, certes moins connues ou moins « attractives », comme les harengs, les palourdes et les algues. En raison de la surpêche et de l'essor de la demande, les poissons sont aussi élevés dans des fermes aquacoles. A priori, cela peut paraître une bonne solution. Malheureusement, l'aquaculture n'est pas sans défaut. Comme le bétail dans l'élevage intensif, les poissons sont cloisonnés dans de petits espaces, source de propagation rapide de maladies. Dans plusieurs pays, la nourriture des poissons fait l'objet d'ajout de médicaments (antibiotiques). De même, de vastes pans de forêts sont déboisés pour céder la place à l'aquaculture. Presque toutes les espèces de poissons ainsi élevées sont carnivores (comme le thon et le saumon), ce qui exige la capture de proies dans les océans, avec, pour conséquence, la surpêche. Il existe néanmoins une alternative, l'aquaculture multitrophique intégrée, faisant appel à des méthodes d'élevage durables. Enfin, il faut savoir que l'industrie de la pêche est responsable d'une pollution des océans estimée à plus d'un million de tonnes de plastique.

Pour moi, rien n'égale la saveur du poisson. Mais pour les raisons évoquées plus haut, j'ai décidé de ne plus consommer ou presque de poisson. Je préfère donc insister et vous avertir : si vous achetez du poisson, privilégiez des produits bio ou issus d'une pêche durable. Et s'il vous plaît, modérez votre consommation d'espèces populaires.

VIANDE

La viande peut être issue d'animaux élevés pour l'abattoir – bœuf, porc, agneau, chèvre, poulet, dinde – ou d'espèces sauvages chassées, comme le cerf ou le sanglier. Dans certains pays ou aires culturelles, on consomme aussi la viande d'animaux comme le bison, le buffle ou le renne. La viande possède une teneur élevée en protéines (par exemple 23 g/100 g pour la dinde) qui, comme le fer qu'elle contient, affiche une haute biodisponibilité. Cela signifie qu'une fois ingérées, les protéines sont facilement absorbées et assimilées par l'organisme. De plus, la viande abrite des vitamines (A, B, D et autres) et des minéraux comme le sodium, le zinc et le potassium.

Ces dernières années, la consommation de viande fait de plus en plus débat et nous devons tous prendre conscience des problèmes générés par l'élevage industriel. Les scientifiques ont établi un lien direct entre consommation de viande dans les pays industrialisés et changement climatique. Ce qui n'a rien d'étonnant quand on sait que l'élevage de bétail produit plus d'émissions de gaz à effet de serre que les transports routiers, maritime et aérien réunis ! De même, la forte demande en soja destiné à la nourriture participe à l'augmentation des gaz à effet de serre. La déforestation des zones tropicales pour aménager des terres de pâture ou des plantations de soja est une autre conséquence.

Je ne suis pas un régime strictement végétarien ou vegan, mais je ne rejette pas ces modes d'alimentation excluant les produits d'origine animale. J'essaie d'inclure dans mon régime le plus possible d'aliments d'origine végétale et je suis très consciente des conséquences d'une consommation trop régulière de viande. Mais lorsque je décide de manger de la viande, je sélectionne exclusivement une viande bio de qualité supérieure. Ainsi, je préfère un blanc de poulet bio à de la saucisse ou du salami industriel. Les animaux d'élevage doivent aussi disposer de suffisamment d'espace dans les champs, bénéficier d'une nourriture bio et ne pas être soumis à un engraissement forcé par les médicaments. À l'évidence, une viande bio est plus chère, mais je pense que la qualité le mérite et qu'il ne convient pas de tergiverser à ce propos. Par ailleurs, un prix élevé nous incite à percevoir la viande comme une « exception » – à l'image du « rôti du dimanche » – et non plus comme une nécessité quotidienne.

Il m'a fallu du temps avant de considérer un repas sans viande ni poisson comme un repas « complet ». Il y a un an, j'en étais encore là, mais tout a changé. Un repas exclusivement à base de légumes, céréales et fruits peut parfaitement être complet. Mes recettes créatives et délicieuses sauront vous faire oublier la viande, je vous le promets.

LAIT ET SUBSTITUTS

Le lait est issu de mammifères ayant donné naissance à un petit. En Europe, ce lait est le plus souvent celui de la vache, à moins d'indication contraire. Une fois traité, le lait entre dans les catégories suivantes : lait cru (sans aucun traitement et frais), lait entier (au moins 3,5 % de matière grasse), lait demi-écrémé (de 1,5 à 1,8 % de matière grasse) et lait écrémé (maximum 0,3 % de matière grasse). La vente directe de lait cru est soumise à une réglementation stricte. Le lait de vache contient près de 87 % d'eau et apporte des lactoprotéines, des lipides et des glucides, mais aussi des acides aminés, des vitamines et des minéraux essentiels, ainsi que du calcium (environ 120 mg/100 g). Le lait est aussi l'ingrédient de base d'autres aliments, comme le fromage, le yaourt, la crème et le beurre, fabriqués dans des usines laitières. En Europe, un adulte consomme en moyenne 90 kg de lait et de produits laitiers par an.

Une vache peut produire jusqu'à 50 litres de lait par jour. Un résultat obtenu après des années de sélection, car les vaches n'en produisaient à l'origine que 10 litres. C'est à travers de telles données que l'on mesure l'impact de l'industrialisation dans la production laitière, visant toujours au meilleur rendement. Les vaches sont souvent élevées en grands troupeaux et consomment une nourriture concentrée plutôt que de l'herbe fraîche. Pour être capable de produire du lait, une vache doit avoir vêlé, alors que les veaux lui sont retirés peu après la mise bas. Quelques mois plus tard, la vache est fécondée par insémination artificielle, ce qui signifie qu'elle est presque toujours gestante. À 4 ou 5 ans, les vaches laitières sont abattues.

Les substituts au lait de vache sont des boissons d'origine végétale, à base d'eau. Moins riches en nutriments que le lait, elles ne contiennent ni lait ni lactoprotéines. Aux États-Unis, la vente de boissons végétales en guise de substituts au lait a bondi de 80 % ces six dernières années, alors que la vente de lait d'origine animale chutait parallèlement d'environ 20 %.
Il y a longtemps que je ne consomme plus de lait et un minimum de produits laitiers. Ces ingrédients sont très peu utilisés dans mes recettes. Pour moi, une vache est faite pour allaiter ses petits et les hormones contenues dans son lait ne sont pas supposées pénétrer dans notre organisme. Par ailleurs, les boissons végétales ont selon moi meilleur goût et il existe de délicieux substituts aux produits laitiers comme le fromage, le yaourt ou la crème.

ASTUCE :

Pour préparer votre propre boisson végétale, mettez à tremper 50 à 100 g de céréales ou de fruits à coque toute une nuit dans de l'eau chaude. Mixez le tout avec 1 litre d'eau froide au robot-mixeur. Transférez dans un sac à lait végétal ou une étamine, puis essorez fermement. Conservez le lait au réfrigérateur.

• 34 •

Boisson à l'épeautre

Une saveur céréalière affirmée. Parfaite pour les préparations du petit déjeuner, comme le muesli ou le porridge. À noter, la possible présence de gluten.

Boisson à l'avoine

Une saveur crémeuse pour cette boisson idéale en cuisine et en pâtisserie. Mon premier choix pour un porridge ! À noter, la possible présence de gluten.

Boisson au chanvre

Une boisson préparée à partir de graines de chanvre décortiquées (pseudo-céréale). Une portion de 500 ml suffit à couvrir le besoin journalier recommandé en acides gras oméga-3.

Boisson à la noisette

Sa saveur en fait un ingrédient idéal pour enrichir un bol de chocolat chaud. Une boisson encore difficile à dénicher en grande surface.

Boisson à la noix de coco

Disponible sous forme de crème, avec une teneur élevée en lipides (14 à 20 %), ou sous forme de boisson plus légère zéro lipides. Une saveur exotique à l'arrière-goût de noisette.

Boisson à l'amande

Le substitut au lait le plus populaire, avec une légère saveur de massepain, mais très neutre et donc polyvalente.

Boisson au riz

Un goût suave et zéro gluten. Parfaite pour les gens souffrant d'allergie ou de maladie cœliaque. Les recettes exigeant un peu de douceur seront améliorées par l'ajout de sucre.

Boisson au soja

Un goût de noisette pour cette boisson adaptée à la préparation de recettes salées. J'ai rayé la boisson au soja de mes recettes depuis que j'ai banni les produits à base de soja de mon alimentation.

MATIÈRES GRASSES
ET HUILES

....

Les matières grasses ne rendent pas « gras » et ne sont pas malsaines. Certaines sont assez diététiques et quelques-unes essentielles à la vie. Ainsi, notre cerveau est constitué à 60 % de lipides (en référence à son poids à sec) et son fonctionnement repose sur un apport en acides gras de qualité supérieure. Les matières grasses apportent goût, saveur et énergie. Elles sont indispensables à la croissance de cellules saines dans l'organisme. Les vitamines A, D, E et K ne sont assimilées qu'avec l'aide des acides gras.

Selon leur mode de construction, les acides gras peuvent être saturés, monoinsaturés ou bien polyinsaturés. Pour comprendre ces différences, il est plus facile d'imaginer leur structure chimique. Les acides gras saturés possèdent un atome d'hydrogène fixé à chaque atome de carbone, aussi sont-ils saturés en hydrogène. Leur structure est stable et ils sont plus résistants à la chaleur que d'autres acides gras. Plus un acide gras est saturé, plus il est stable et de forme solide. Ce type d'acides gras est essentiellement d'origine animale, il peut malheureusement faire augmenter notre taux de cholestérol. Les acides gras insaturés ont moins d'atomes d'hydrogène et sont plus fragiles et fluides. Ils se divisent en acides gras monoinsaturés et polyinsaturés. Les monoinsaturés renforcent le système immunitaire et sont souvent

d'origine végétale, issus d'aliments sains comme les amandes, l'avocat, les olives… Les polyinsaturés ne peuvent pas être fabriqués par l'organisme, nous les puisons dans notre nourriture. Ce sont les blocs de construction de nos cellules, ils forment des substances du système immunitaire et se divisent en acides gras oméga-3 et omega-6. Un bon équilibre entre les deux joue un rôle important. Cet équilibre doit présenter un rapport oméga-6/oméga-3 de 5/1 au maximum. Dans les pays occidentaux, la part des acides gras oméga-6 est bien trop élevée, avec un rapport de 20/1, très au-delà du plafond. Cela peut avoir des effets négatifs sur notre santé : caillots sanguins, inflammation… À l'inverse, les acides gras oméga-3 préviennent ces effets, avec une protection contre les maladies cardiaques et les thromboses. Graines de lin, de chia, noix et algues constituent de précieuses sources d'oméga-3.

ASTUCE :
Deux choses se produisent lors de la cuisson à très haute température de certains types d'huiles et matières grasses. Les substances positives qu'elles abritent sont détruites, en même temps que sont créées de dangereuses substances comme les acides trans. Pour une huile de friture et tout autre mode de cuisson à chaud, privilégiez l'huile d'avocat, de noix de coco et le ghee.

Huile d'avocat

Comme l'huile d'olive, elle présente une teneur élevée en acides gras monoinstaurés et peut être chauffée à haute température. Son point de fumée se situe à environ 250 °C.

Ghee (beurre clarifié)

Issu de la cuisine ayurvédique, ce beurre clarifié présente environ 68 % d'acides gras saturés et peut donc être chauffé à très haute température. Il contient 2 % d'oméga-6 et d'oméga-3.

Huile de noix de coco

Riche en acides gras saturés (environ 92 %), elle peut être utilisée en cuisine et chauffée à haute température. Cette huile n'a pas besoin d'une lourde transformation en cours de production pour optimiser sa durée de conservation.

Huile de lin

Une huile riche en acides gras oméga-6 (environ 56 %), aux propriétés anti-inflammatoires. À conserver dans un endroit sombre et frais. Je suis convaincue de ses effets et je l'utilise largement dans mes recettes. Une huile à ne pas chauffer !

Huile d'olive

Elle contient des antioxydants et des polyphénols. Essentiellement à base d'acides gras insaturés (environ 70 %). En dépit d'un rapport entre oméga-6 et oméga-3 d'environ 8/1, elle est connue pour être très diététique, grâce à sa teneur élevée en acide oléique.

Huile de colza

Une huile largement transformée, mais il existe une version extra vierge pressée à froid. Son rapport oméga-6/oméga-3 est de 2/1.

Huile de sésame

Environ 44 % d'acide oléique pour cette huile surtout constituée d'acides gras polyinsaturés. Elle possède la teneur la plus importante en oméga-6. Elle abaisse le taux de cholestérol et régule l'hypertension.

Huile de tournesol

Une huile très répandue et ultra-transformée, utilisée dans de nombreuses préparations, comme substitut économique à des huiles de qualité supérieure. Riche en acides gras oméga-6, avec un rapport oméga-6/oméga-3 de 120/1, donc à déconseiller.

FRUITS À COQUE, GRAINES ET PÉPINS

....

Fruits à coque, graines et pépins sont de taille réduite, mais hyper-concentrés en précieux nutriments. Je les adore, au point d'avoir baptisé mon second compte Instagram *pamgoesnuts*. J'en suis folle et je ne sors jamais sans ma petite réserve. En plus de leur saveur délicieuse, ils sont super-diététiques. Ils favorisent la concentration et le recentrage. Consommer chaque jour une poignée de fruits à coque et de graines participe à réduire l'inflammation et donc à prévenir maux et maladies, présente un effet positif sur la santé cardiaque et abaisse le taux de cholestérol.

Certains se méfient des fruits à coque, riches en lipides et caloriques. Certes, une poignée de fruits à coque est plus calorique que son équivalent en tomates, mais les acides gras des fruits à coque sont essentiellement insaturés et donc très sains. Notre organisme a besoin d'acides gras oméga-3 pour réguler le système immunitaire et le développement cellulaire. Les fruits à coque sont aussi riches en acides gras oméga-6, donc mieux vaut ne pas en consommer plus d'une poignée par jour.

Des études ont montré que les fruits à coque peuvent nous aider à perdre du poids. Cela tient à leur concentration en nutriments comme les protéines et les fibres, qui procurent un sentiment de satiété. En prévenant les petites faims, vous ne vous jetez pas sur la nourriture, vous êtes moins affamé et consommez moins de calories au final.

Pour une consommation quotidienne de fruits à coque, privilégiez les versions naturelles et non traitées. Les fruits à coques grillés peuvent perdre en acides gras essentiels, antioxydants et vitamines. Lors de processus de transformation industriels, des matières grasses à bas coût et peu diététiques sont généralement ajoutées. Les versions salées ou épicées sont trop riches en sel ordinaire. Sachant que les antioxydants se concentrent au niveau de la peau, consommez si possible ces fruits sans les peler.

Graines et pépins contiennent aussi de précieux ingrédients, dont des minéraux, des vitamines et des fibres. Plus important encore, les graines offrent un bon rapport oméga-6/oméga-3. Celui des graines de lin est de 1/4, ce qui en fait la meilleure source d'origine végétale en acides gras oméga-3. Deux cuillerées à café de graines de lin écrasées suffisent à couvrir nos besoins journaliers. Ces graines sont mes préférées, souvent utilisées dans mes recettes. Graines et pépins peuvent être intégrés à votre régime alimentaire de multiples façons.

Noix de cajou

Comparées à d'autres fruits à coque, leur teneur en lipides est assez basse (environ 45 g/100 g). Riches en magnésium (environ 258 mg/100 g), elles sont aussi utilisées comme substitut aux produits laitiers.

Cacahuètes

Légumineuses, riches en protéines (environ 29 g/100 g). Ces protéines complètes d'origine végétale s'associent parfaitement aux céréales, comme l'avoine, avec une pâte à tartiner à la cacahuète.

Graines de chanvre

Un rapport optimal oméga-6/oméga-3 de 3/1, pour influer de façon positive sur l'équilibre au quotidien. À noter, leurs propriétés anti-inflammatoires.

Noisettes

Riches en lécithine, qui favorise la santé et la fonction cérébrale. Leur saveur me rappelle celle du chocolat aux noisettes de mon enfance. Elles contiennent aussi un sain acide oléique.

Graine de citrouille

Riches en zinc, elles suffisent à couvrir la moitié des besoins journaliers d'un adulte. Le zinc est nécessaire au système immunitaire et participe à la santé de la peau. Il stimule la vésicule biliaire et la prostate.

Graines de lin

Un substitut économique aux graines de chia. Pour une assimilation plus facile de leurs nutriments, utilisez les graines broyées après trempage. La meilleure source d'origine végétale en acides gras oméga-3, avec un rapport de 1/4.

Amandes

Riches en vitamine E, indispensable à la santé de la peau, des cheveux et des ongles. Les amandes protègent contre le diabète, la maladie d'Alzheimer et l'inflammation.

Noix

Une teneur record en oméga-3 (environ 10 g/100 g) et source d'une forme particulière de vitamine E. La présence de l'acide aminé arginine participe à réduire l'hypertension.

SUPERALIMENTS

....

Impossible de consulter Instagram, de fréquenter les magazines ou les grandes surfaces sans tomber sur les superaliments. Pourtant, il n'existe pas de définition universelle du terme. **En règle générale, il s'agit d'aliments très nutritifs aux concentrations incroyablement élevées en vitamines, minéraux et antioxydants.** On les qualifie de « superaliments » en raison de leur teneur record en nutriments.

La tendance est aux ingrédients exotiques, comme les baies de goji ou les graines de chia. Ce que beaucoup ignorent, c'est qu'il existe aussi en Europe des superaliments locaux, comme les graines de lin. Parce que le développement durable est une notion qui me tient à cœur, je préfère généralement utiliser des graines de lin plutôt que de chia, sachant que leurs bienfaits nutritionnels sont à peu près équivalents.

Les superaliments exotiques sont importés des quatre coins du monde et parcourent de longues distances, ce qui a un effet négatif sur leur prix, leur teneur en nutriments, sans parler d'empreinte carbone ou de climat… On évoque aussi leur contamination par les pesticides. Il n'y a rien de mal à acheter occasionnellement des superaliments exotiques, mais dans la mesure où il existe un substitut local, quel intérêt à consommer chaque jour et en grande quantité des versions importées ? J'ai donc établi une liste présentant des substituts aux superaliments exotiques.

Mon superaliment préféré est la baie d'açaï, originaire d'Amérique du Sud. Elle contient plus de 100 000 antioxydants, d'où sa redoutable efficacité à lutter contre les radicaux libres. En guise de substituts, vous trouverez localement en grandes surfaces des myrtilles, des mûres ou des griottes de culture. Mais il faut admettre que leur teneur en antioxydants est loin d'égaler celle de la baie d'açaï.

Quiconque consomme régulièrement des superaliments locaux agit pour sa santé et celle de l'environnement. Ils présentent des effets antioxydants, anti-inflammatoires et favorisent la détoxification de l'organisme. **Inutile de remplacer fruits et légumes par des superaliments, utilisez-les plutôt pour compléter votre apport en nutriments.** Il n'existe pas au monde un aliment capable de couvrir tous les besoins journaliers en nutriments essentiels, en substances vitales et en minéraux. On dit des superaliments qu'ils sont capables de prévenir des maladies comme le diabète et les maladies vasculaires, mais aussi de stimuler la santé en général. Néanmoins aucune preuve scientifique ne peut à ce jour étayer ces dires. Les superaliments déploient au mieux leurs bienfaits quand ils sont associés à des aliments frais non transformés et à un mode de vie sain. Enfin, on peut utiliser les superaliments pour parfaire un régime équilibré et ajouter de la variété à nos assiettes et à nos bols. Et il faut le reconnaître, leur saveur est incroyable !

Algues

Elles se distinguent par leur concentration en fibres, antioxydants, iode et protéines. Elles contiennent tous les acides aminés essentiels, présentent des effets détoxifiants et antioxydants, nourrissent et renforcent le système immunitaire.

Graines de chia

Les graines les plus riches en protéines (au minimum 16 g/100 g), également concentrées en acides gras polyinsaturés, comme les oméga-3. Les graines de lin sont un substitut local cultivé en Europe (voir page 39).

Baies de goji

Elles contiennent les acides aminés essentiels qui soutiennent le développement musculaire, sont riches en antioxydants et vitamine C (jusqu'à 150 mg/100 g). En guise de substitut européen, le cassis, avec une forte teneur en vitamine C.

Graines de chanvre

Issues de chanvre de culture, exempt de THC. Riches en magnésium et en fer. Elles contiennent 30 % de protéines, tous les acides aminés essentiels et présentent un rapport optimal entre acides gras oméga-6 et oméga-3.

Gingembre

Il freine la multiplication des virus, possède des propriétés antibactériennes et soutient l'organisme, notamment en cas de rhume. Populaire contre le traitement des nausées.

Fèves de cacao

Elles contiennent tout le spectre des antioxydants, du magnésium et de bons acides gras. Elles luttent contre la dépression en stimulant l'humeur, calment la faim et nous offrent une saveur chocolatée (sans la douceur, car exemptes de sucre).

Curcuma

Un anti-inflammatoire utilisé en médecine ayurvédique, comme plante médicinale. Le poivre noir et une nourriture riche en lipides aident à assimiler la curcumine présente dans le curcuma.

Matcha

Un thé vert en poudre à teneur en caféine aussi élevée que celle d'un expresso, tonique et stimulant pour le système nerveux. La présence de l'acide aminé théanine favorise à la fois la relaxation et la concentration.

SUCRE ET SUBSTITUTS

Le sucre qui se présente sous forme de cristaux est le produit de plantes comme la betterave sucrière, la canne à sucre ou le palmier à sucre. Il fait toujours référence au sucre de table (saccharose) qui consiste pour moitié en sucre de fruits (fructose) et pour autre moitié en sucre de raisin (glucose).

Le fructose est plus sucré que le glucose et se trouve en grande quantité dans les fruits, dont il tire son nom. Mais cette appellation prête à confusion, parce que du glucose est aussi présent dans les fruits. C'est pourquoi je préfère parler de fructose et de glucose, plutôt que de sucre de fruit et de sucre de raisin. Le glucose est un sucre dit simple, rapidement assimilé par l'organisme et que l'on qualifie de glucide simple. Il est aussi naturellement produit par l'organisme lors de la dégradation des glucides. Glucose et fructose sont gérés différemment par l'organisme. Le glucose est absorbé par le foie, selon les besoins de l'organisme en énergie, puis envoyé vers les cellules organiques qu'il alimente en énergie. Quand le fructose atteint le foie, il est immédiatement et entièrement assimilé. L'excès d'énergie qu'il dispense inutilement, en l'absence d'activités comme le mouvement ou la concentration, est stocké sous forme de cellules graisseuses. Une consommation permanente et excessive de sucre accroît le risque d'accumulation de graisse dans le foie (stéatose). Le sucre fait aussi grimper momentanément le taux d'insuline, ce qui stoppe durant ce même laps de temps le processus de combustion des graisses.

Par ailleurs, des cellules où la graisse se concentre en excès ne réagissent pas à l'insuline, ce qui conduit l'organisme à libérer cette hormone en trop grande quantité pour faire face. Ce taux élevé d'insuline peut entraîner un diabète.

SUCRE INDUSTRIEL ET CALORIES VIDES

Le sucre de table industriel n'apporte pas assez de nutriments, mais un excès de calories, que j'appelle calories « vides », parce qu'elles n'offrent pas assez de vitamines ou de minéraux et se substituent à d'autres aliments nutritifs dans notre alimentation quotidienne. Oui, notre organisme a besoin de sucre, mais il ne doit pas être dépendant du sucre industriel. Il peut extraire l'essentiel du glucose dont il a besoin d'aliments comme le riz, l'avoine, les légumes et les fruits. Inutile de paniquer à propos du sucre contenu naturellement dans les fruits. Il est fixé aux fibres et sera donc extrait plus lentement pour passer dans le sang. Votre foie ne sera pas assailli par un brusque afflux de sucre sur une courte période de temps. En matière de sucre, la vitesse à laquelle il rejoint la circulation sanguine est déterminante.

Une comparaison avec l'alcool aide à clarifier les choses : si vous buvez lentement de l'alcool tout au long d'une soirée, vous parvenez en règle générale à gérer cet apport d'alcool. Mais si vous buvez la même quantité d'alcool en une seule fois, vous serez ivre en un rien de temps.

De plus, les fruits contiennent beaucoup d'eau. Il faudrait en consommer d'énormes quantités pour égaler le taux de sucre de sodas ou de jus de fruits. Il est bien plus difficile de consommer plusieurs kilos de pommes ou de raisin que de boire 1 ou 2 litres de soda ou de jus de fruits.

PRENEZ GARDE !

Je recommande la prudence avec les sodas, les plats cuisinés et les boissons énergisantes, mais aussi avec les produits « allégés » (souvent avec une teneur en édulcorants) et les jus de fruits. Un verre d'orange fraîchement pressée (250 ml) contient environ 25 g de sucre, qui pénètre rapidement dans le sang, sans être freiné. Un liquide est par nature « prédigéré » et l'organisme n'en retire presque rien. C'est pourquoi mieux vaut consommer des fruits entiers, plutôt que de boire leur jus. Des études nous mettent en garde quant aux problèmes de santé liés à une consommation excessive de sucre. De nos jours, le sucre est présent presque partout. L'industrie alimentaire procède souvent à des ajouts, pour rendre ses produits plus savoureux et accroître leur potentiel addictif. En étudiant d'un peu plus près la liste des ingrédients, vous noterez la présence de sucres cachés dans des produits inattendus. La tâche n'est pas évidente pour le consommateur – l'industrie alimentaire fait appel à différents termes pour désigner les sucres, comme glucose, fructose, dextrose ou maltose. Le sucre se cache dans des aliments comme les préparations piquantes à tartiner, les sauces tomates bio, le yaourt nature et les bretzels. Ainsi, en-cas, entrées et plats principaux se transforment en desserts.

Des édulcorants comme l'aspartame ou des substituts de sucre comme le xylitol, le sorbitol et l'erythritol sont à la fois sucrés et pauvres en calories. Ils peuvent influer de façon négative sur la digestion. Je me méfie également des substituts au sucre, parce qu'ils sont en règle générale très artificiels. Quand je souhaite apporter une peu de douceur à mes préparations, je choisis des édulcorants naturels comme ceux listés page suivante, mais aussi des fruits entiers, banane ou dattes. Pour beaucoup, l'index glycémique, cette échelle de 0 à 100 utilisée pour déterminer l'effet des glucides sur le taux de sucre sanguin, est à la fois informatif et capital. Plus le chiffre est élevé, plus l'aliment fait rapidement grimper le taux de sucre dans le sang et cette élévation rapide est dangereuse.

BON À SAVOIR

Pour moi, le sucre est avant tout une question de volume. Je n'ai rien contre le fait d'apprécier de petites douceurs de temps en temps. Mais pas question d'abuser de sucres ajoutés dans les entrées et les plats principaux. Pour apprendre à consommer très peu ou pas du tout de sucre industriel, il faut généralement passer par une phase de désintoxication. Vous ressentirez un manque, car l'organisme est habitué au sucre. Je sais par expérience qu'il est vraiment possible de s'adapter à un régime alimentaire sans sucre artificiel, même à long terme. Les sucreries ordinaires vous paraîtront tout à coup trop suaves et « artificielles ». C'est bon signe. Dès que cela vous arrivera, vous constaterez que le sucre industriel ne vous manque absolument pas.

Sirop d'érable

Un suc concentré extrait de l'érable canadien, constitué de 45 % d'eau. Il offre plus de minéraux que le sucre industriel, mais pas en quantités notables.
Un produit à consommer avec modération.

Sirop d'agave

Extrait de l'agave, ce sirop facilement soluble doit sa douceur (environ 68 % de sucre) à une teneur très élevée en fructose. Mieux vaut ne pas le consommer en excès, pour le bien de votre foie, malgré un index glycémique d'environ seulement 15.

Sirop de dattes

Un édulcorant connu depuis des siècles. Des études ont montré qu'il agit tel un antibiotique et freine le développement bactérien. Un sirop à préparer soi-même, en mixant des dattes au robot-mixeur, éventuellement additionnées d'un peu d'eau.

Miel

Le plus ancien des édulcorants, doté de propriétés antibactériennes. À ne jamais chauffer au-delà de 40 °C (attendez que votre infusion refroidisse avant l'ajout de miel) sous peine de détruire ses substances bénéfiques et même de générer un effet cancérigène. Une teneur en sucre de 80 % et un index glycémique d'environ 55.

Sucre de coco

Extrait des fleurs du cocotier, ce sucre à saveur caramélisée a pour particularité une teneur élevée en nutriments (magnésium, zinc, fer, potassium et autres), mais basse en fructose (2 à 9 %), avec un index glycémique bas, d'environ 35.
À recommander !

Fruits secs

Les fruits déshydratés perdent près de 80 % de leur teneur en eau au cours de ce processus. Restent les fibres et 70 % de glucides, sous forme de fructose. Concentrés en sucre, comparés aux fruits secs, ils restent plus diététiques que le sucre industriel. Privilégiez les fruits secs naturels et non soufrés.

CONSEILS NUTRITIONNELS

Mes principes

....

Au cours de ces dernières années, j'ai compilé de plus en plus de connaissances sur la nutrition et beaucoup expérimenté. Ce faisant, j'ai appris à reconnaître ce qui était bon pour mon corps, à choisir des aliments et des façons de les consommer qui participaient à ma santé physique et à mon bien-être mental. Mes « principes » en matière de nutrition sont listés ci-dessous. Mais chacun doit trouver et développer ses propres règles en la matière, avec pour objectif un bien-être à long terme.

◆ SIMPLICITÉ. Inutile de recourir à des méthodes compliquées pour préparer au quotidien des ingrédients exotiques.

◆ FRAÎCHEUR. Plus les ingrédients sont frais, plus ils sont riches en nutriments et meilleurs en saveur ! Les produits locaux et de saison sont toujours plus frais.

◆ RAPIDITÉ. Quand la faim se manifeste, pas question de passer des heures en cuisine. Quelques-unes de mes recettes exigent un peu plus de temps de préparation et de cuisson au feu ou au four.

◆ ÉCONOMIE. Mes recettes n'exigent pas beaucoup d'équipements spéciaux et la plupart des ingrédients restent à des prix abordables.

◆ CRÉATIVITÉ. On commence par manger avec les yeux ! Pour débuter un régime alimentaire sain, commencez par soigner la présentation de vos plats afin d'apporter un peu de fantaisie au repas. Les recettes de bowls se prêtent particulièrement bien à cet exercice.

◆ PATIENCE. Un changement de régime alimentaire est souvent un réel défi. Ne précipitez pas les choses. On ne cesse d'apprendre et plus on approfondit un sujet, plus on développe une réelle passion pour lui.

◆ NATUREL. Achetez toujours des produits sous leur forme la plus naturelle. Évitez les aliments transformés, avec des sucres ajoutés, des conservateurs, etc.

◆ ÉQUILIBRE. Goûtez à tout avec modération, jamais dans l'excès. Même 3 kg de brocolis se révèlent peu diététiques à long terme !

◆ DIÉTÉTIQUE, MAIS PAS TOUJOURS. Certains digèrent bien les aliments crus qui, chez d'autres, provoquent des ballonnements. Certains assimilent bien le gluten et la viande, d'autres pas. À vous d'écouter votre corps et de savoir ce qui lui convient.

◆ MOTIVATION. C'est à vous d'améliorer votre régime alimentaire, c'est pour vous, pour votre corps et votre santé, même si votre famille et vos amis ne vous suivent pas dans votre résolution – vous le faites pour vous, pas pour les autres !

◆ ÉCOLOGIE. Soyez toujours conscient des conséquences que peut entraîner votre régime alimentaire, notamment la consommation de produits d'origine animale (voir pages 32-35, Viande, Poisson, Lait).

◆ CONNAISSANCE. Sachez que plus j'en ai appris sur le sujet, plus j'ai apprécié manger sainement. Quand vous comprenez ce qui est « bon » et pourquoi, vous vous désintéressez automatiquement de ce qui est « mauvais ». Avant tout, être convaincu des effets positifs que certains aliments ont ou auront sur votre corps décuple les résultats obtenus. Le cerveau et la force de la pensée sont incroyables !

◆ JEÛNER. Cette option est facultative, mais personnellement, je me sens très bien quand je passe 8 heures d'une journée sans manger. Je suis remplie d'énergie, rarement fatiguée et je me concentre mieux. Mon taux de sucre sanguin reste stable sur le long terme et ma digestion est mieux équilibrée. Cette façon de manger fait référence au jeûne intermittent. On peut aussi jeûner sur de plus longues périodes, par exemple quelques jours. Cela permet à l'organisme de se reposer et de se ressourcer.

◆ CONSCIENCE DU CORPS. Savez-vous écouter votre corps ? Prendre conscience de ce qui est responsable de vos crampes d'estomac, céphalées ou fatigue ? Mangez-vous quand la faim se fait sentir ou avez-vous tendance à vous précipiter sur les friandises sucrées ? Il est important de prendre du recul et d'étudier son corps, ses besoins, son état, afin de mieux comprendre ses réactions.

◆ FAIT MAISON. Au quotidien, je préfère TOUJOURS cuisiner ce que je mange. Nous sommes ce que nous mangeons. C'est pourquoi j'aime savoir quels ingrédients entrent dans la composition de mes repas et s'ils sont de qualité. Quant à mes recettes, inutile d'être un chef accompli pour les réaliser.

◆ ROUTINE. Quand vous faites une chose depuis longtemps, cela devient une habitude. Cela commencera par devenir normal et si jamais vous ne le faites pas un jour ou deux, cela vous manquera. Ce sont de petits rituels, comme mon bain de bouche matinal, mon verre de vinaigre de cidre, mais aussi d'autres choses importantes, comme la pratique d'une activité physique régulière, les étirements et un régime alimentaire sain en général.

INFO : BAIN DE BOUCHE

Le matin, avant de me brosser les dents, je fais un bain de bouche à base d'une cuillerée à café d'huile de noix de coco, de sésame ou d'olive, durant 15 à 30 minutes, avant de recracher le tout dans le lavabo. Puis je me brosse les dents. Ce rituel neutralise les toxines, favorise la santé buccale, réduit l'inflammation des gencives et blanchit même les dents !

ANTIOXYDANTS

Pour combattre les inflammations

....

J'ai déjà parlé des antioxydants et des aliments anti-inflammatoires dans les pages consacrées aux fruits, aux fruits à coque, aux superaliments, aux matières grasses et aux huiles. Mais j'aimerais revenir plus en détail sur le sujet des inflammations, important à mes yeux. Les antioxydants nous aident à faire face aux influences extérieures délétères. Ils sont une sorte de bouclier protecteur, qui fait obstacle aux molécules destructrices, appelées radicaux libres. Ces derniers agressent nos cellules, qui à leur tour affaiblissent le système immunitaire, entraînent un vieillissement prématuré de la peau et sont associés à des maladies comme le cancer, les rhumatismes et la maladie d'Alzheimer. Les antioxydants réduisent l'oxydation cellulaire et offrent de fait un effet naturel anti-âge, de l'intérieur. Ils sont aussi considérés comme anti-inflammatoires, et l'on sait que les inflammations sont à l'origine de nombreuses maladies. Les inflammations chroniques de l'organisme favorisent l'asthme, l'arthrite, le diabète, les maladies cardiovasculaires, l'hypertension, la maladie de Parkinson, la maladie d'Alzheimer et le cancer. L'inflammation est le mécanisme de défense de l'organisme face aux radicaux libres, virus et bactéries. À long terme, un régime alimentaire déséquilibré peut aussi entraîner une inflammation, par manque de minéraux et de vitamines et finir par générer une trop grande acidité.

Le pH mesure l'acidité ou l'alcalinité d'une solution. Certains aliments deviennent alcalins une fois digérés, d'autres deviennent acides. En résumé, nous consommons trop d'aliments acidifiants, comme les produits d'origine animale, le lait, le sucre, la farine blanche, les céréales et l'alcool – avec pour résultat un stress trop important infligé à nos organes, qui cherchent en permanence à rééquilibrer leur niveau de pH. Un mode de vie déséquilibré, trop de stress, d'émotions négatives et le tabagisme entretiennent une trop grande acidité. Cela ne signifie pas qu'il faut absolument se priver de ces aliments, mais avant tout viser à l'équilibre.

INTÉRÊT DE LA RECHERCHE

De nouvelles recherches montrent que l'obésité est souvent accompagnée d'une inflammation cérébrale. De fait, le cerveau ne parvient plus à gérer et interpréter le signal de satiété transmis par l'organisme et les kilos s'installent progressivement. Si l'inflammation diminue (par exemple en consommant régulièrement des acides gras oméga-3), le cerveau retrouve sa capacité à analyser ces signaux et nous aide en retour à perdre du poids, en reconnaissant à nouveau la faim et le sentiment de satiété.

PROTÉINES

Les blocs de construction des muscles

....

Les protéines sont des macronutriments, considérées comme l'un des nutriments essentiels, avec les lipides et les glucides. On distingue protéines d'origine animale et d'origine végétale. Ces protéines sont des blocs de construction déterminants au sein de l'organisme, présentes dans chacune de nos cellules et chacun de nos tissus. Par ailleurs, elles sont entre autres responsables du développement musculaire, du système immunitaire et de la régulation des hormones. L'apport journalier recommandé est d'environ 0,8 à 1 g de protéines par kg de poids corporel. Si vous pratiquez une activité physique intense, cet apport doit être plus important – environ 1,8 à 2 g par kg de poids corporel. Espérer un développement musculaire ou une perte de graisse en consommant plus de protéines est (malheureusement) un mythe – cela ne peut se produire qu'à travers la pratique d'une activité physique.

ACIDES AMINÉS ESSENTIELS

Les protéines sont constituées de différents acides aminés qui d'un point de vue chimique forment de longues chaînes de petites molécules. Il nous faut 20 acides aminés différents pour métaboliser les protéines. Neuf d'entre eux sont essentiels, mais notre organisme est incapable de les produire lui-même, aussi viennent-ils de notre alimentation. Certaines protéines que nous consommons contiennent ces neuf acides aminés, on les qualifie de « complètes » ou « entières » parce qu'elles suffisent théoriquement à couvrir nos besoins en acides aminés essentiels. Généralement, les protéines d'origine animale sont considérées comme complètes et celles d'origine végétale incomplètes, à quelques exceptions près. Des pseudo-céréales comme le quinoa, l'amarante et le sarrasin, mais aussi des graines, comme celles du chanvre, du tournesol et de la citrouille sont des sources végétales de protéines complètes. La question est importante pour les vegan. Si vous suivez un régime équilibré, en règle générale les acides aminés se complètent automatiquement l'un l'autre, par exemple en consommant un houmous (à base de légumes et de graines). Les vegan couvrent l'apport en acides aminés essentiels en associant différents aliments d'origine végétale. L'association de certains aliments aux acides aminés incomplets permet de « bâtir » des protéines complètes, comme celle du riz et des haricots rouges ou de l'avoine et des cacahuètes. J'aime inclure ces associations dans mes recettes, par exemple dans celle du Bouddha bowl vegan protéiné (voir page 139), qui offre 25 g de protéines et tous les acides aminés essentiels.

RAPPORT ENTRE PROTÉINES ET FAIM

Des études et des expériences ont montré que la consommation de protéines chez les animaux comme chez les hommes n'excède pas leurs besoins. Quand la faim se manifeste, glucides et lipides importent peu. Les aliments industriels associent généralement sucres et matières grasses de mauvaise qualité. Cela réduit automatiquement leur teneur en protéines, autrement dit leur quantité de protéines est proportionnellement plus faible. Cela explique notre tendance à manger plus et à être chroniquement affamé.

MES PRODUITS PROTÉINÉS PRÉFÉRÉS

En général, avec un régime sain et équilibré, vous allez couvrir votre apport journalier recommandé en protéines. Mais si vous n'en consommez pas assez (ou buvez seulement des boissons protéinées), une supplémentation en protéines peut être la solution. Les plus connues sont les protéines en poudre, utilisées dans les smoothies ou en pâtisserie. Les poudres d'origine animale, comme les protéines de lait (caséine) ou de lactosérum sont les plus courantes. Il existe néanmoins de parfaits substituts vegan, comme les protéines tirées des pois, du riz, des cacahuètes, des graines de lin et de chanvre. Rien ne vous empêche d'opter pour des protéines en poudre issues du soja, de graines et autres fruits à coque. On trouve aussi des poudres protéinées multi-composants, à base de différents mélanges et couvrant le spectre complet des acides aminés. Avant d'acheter des protéines en poudre, intéressez-vous aux ingrédients et aux informations nutritionnelles. En règle générale, moins il y aura d'ingrédients, mieux ce sera. Certains fabricants ajoutent sucre ou édulcorants. Ils ne sont pas nécessaires. Pour apporter un peu de douceur à mes boissons protéinées, j'opte toujours pour un fruit frais. Certaines protéines en poudre ont

tendance à me ballonner, mais tout dépend des marques. Cela tient probablement au degré de transformation du produit. Si tel est votre cas, patience… vous finirez par trouver la marque qui fonctionne pour vous !

Les barres protéinées sont une autre catégorie de produit. Il est, là aussi, important de veiller à leur composition. A priori diététiques, elles contiennent souvent sucres ajoutés, édulcorants, arômes artificiels et différents ingrédients chimiques. Dans ce cas, considérez-les comme des friandises.

ASTUCE :

La consommation de boissons protéinées exige un apport suffisant en eau. Les personnes souffrant de maladies rénales ou affectant leur métabolisme, de même que les femmes enceintes limiteront la consommation de ces produits ou les banniront.

SOURCE DE PROTÉINES D'ORIGINE VÉGÉTALE – MON CHOIX (PROTÉINES/100 G)

Pois chiches (bocal ou boîte) : 7 g

Petits pois : environ 7 g

Graines de chanvre : 30 g

Champignons : environ 3 g

Avoine : environ 12 g

Cacahuètes : environ 27 g

Quinoa (non cuit) : environ 15 g

Lentilles corail (non cuites) : 25 g

Épinards : environ 3 g

Tahini : environ 17 g

MIEUX DIGÉRER

Ballonnements

....

La fermentation de parties non digestibles des aliments ou le fait d'avaler trop d'air en mangeant est source de ballonnement. Certes, le sujet n'a rien de très agréable, il s'agit néanmoins d'un processus normal, qui fait partie de la digestion. Enfin, normal jusqu'à un certain point. Lorsque la douleur et d'autres problèmes se manifestent, cela devient vite une affaire peu confortable. Vous ne devez pas vous sentir ballonné chaque soir après le repas. Durant une courte période de ma vie, j'ai pensé que tout cela était normal, mais en fait, pas du tout ! Fort heureusement, il existe de nombreuses solutions pour faciliter et améliorer sa digestion…

1. NE PAS BOUSCULER L'ORGANISME.

Si vous optez pour un régime alimentaire plus diététique, riche en fibres et à base d'aliments crus, votre microbiote intestinal exige un temps d'adaptation à cette nouvelle nourriture. Au début d'un changement de régime, il est normal de se sentir ballonné. Pour prévenir cette sensation, augmentez très progressivement la teneur en fibres de votre alimentation.

2. PROCÉDER PAR ORDRE. Je préfère commencer mon repas par des aliments faciles à digérer et à teneur élevée en eau, comme les fruits, puis terminer par ce qui est plus difficile à digérer et qui contient moins d'eau, ce qui est par exemple riche en protéines. Les fruits en dessert pèsent sur mon estomac, le melon notamment, que je consomme uniquement lorsque j'ai l'estomac vide. Je ne respecte pas nécessairement un ordre préétabli, parce que j'aime associer différentes saveurs. Si vous avez du mal à digérer, pensez à tout ceci.

3. ÉVITER DE BOIRE EN MANGEANT.

J'ai remarqué que je digère mieux et que je retrouve plus vite un ventre plat si j'évite de boire en mangeant. J'évite aussi de boire 20 à 30 minutes avant un repas et 1 heure après un repas copieux. Si je mange dehors, je commande en règle générale une tasse de thé chaud en début de repas et ne bois plus rien d'autre après. Un naturopathe m'a dit un jour que boire une boisson froide s'apparente à verser de l'eau froide sur un grill. Vous devez ensuite remettre le grill à chauffer pour qu'il fonctionne correctement. Je ne pense pas que la chose soit prouvée, mais pour moi tout cela a du sens.

4. UNE CONSOMMATION RÉFLÉCHIE.

Manger exige notre pleine attention. Quand on est distrait par son smartphone ou la télé, on a tendance à manger trop vite, à ne pas mâcher assez longtemps les aliments, à avaler trop d'air ou tout simplement à manger trop.

5. LÉGUMES ET FRUITS SOURCE DE BALLONNEMENTS.
Cela inclut toutes les variétés de chou frisé, les légumineuses, l'ail et l'oignon, notamment consommés crus, riches en nutriments non digestibles. À ce jour, je limite ma consommation de légumineuses et évite les portions trop généreuses de chou-fleur et de brocolis, pour ne pas risquer d'être ballonnée.

6. ALIMENTS DIFFICILES À DIGÉRER.
Les aliments à éviter sont par exemple très gras, transformés, riches en sucre. Même chose pour certains produits d'origine animale.

7. GRAISSE DIFFICILE À DIGÉRER.
Si vous avez l'estomac sensible, évitez de mélanger différents types de matières grasses. La consommation d'avocats, de fruits à coque et d'olives au cours d'un même repas peut poser problème à certains. Mais d'un autre côté, inclure une quantité modérée de matière grasse naturelle est très efficace pour aider l'organisme à assimiler plus facilement la nourriture.

8. TENIR UN JOURNAL NUTRITIONNEL.
Si vous avez l'impression de ne pas consommer correctement certains types d'aliments ou de nutriments, rien de tel que la tenue d'un journal nutritionnel pour accompagner vos premiers pas et garder une trace de ce que vous consom-mez et de la façon dont votre organisme réagit. Il est ainsi plus facile de repérer l'ingrédient qui, dans un repas, est source de problèmes digestifs, tout simplement en procédant par élimination. Si vous soupçonnez une intolérance ou une allergie, consultez un spécialiste.

9. ÉVITER DE TROP MANGER !
Je parle par expérience. Quand j'abuse de l'avoine, du quinoa et des dattes, que je tolère parfaitement en quantités raisonnables, je suis très vite sujette aux ballonnements. Longtemps, je me suis évertuée à établir une liste des aliments qui entraînaient ces ballonnements, jusqu'à ce que je me rende compte qu'il n'y avait pas d'aliment en particulier, mais que tout reposait sur une surconsommation. Et il est vrai que je trouvais tout si DÉLICIEUX ! Parfois, le plus important n'est pas ce que vous mangez, mais la quantité que vous absorbez.
Si une petite voix vous incite à manger plus, mais que votre estomac est plein… apprenez à résister et à dire stop.

CONSEILS D'ACHAT

Penser à l'environnement

Achetez responsable. Plus je me penche sur le sujet de la nutrition, plus il m'apparaît clair que « bien manger » ne se limite pas à ma personne et à mon organisme, mais consiste à manger de façon responsable et écologique – pour le bien de la planète. Il ne s'agit pas de prétendre à la perfection, mais, plus simplement, de procéder à de petites choses qui, ajoutées les unes aux autres, finissent à long terme par faire toute la différence, alors que de plus en plus de gens commencent à se demander de quelle façon agir au quotidien pour apporter une modeste contribution à cette grande cause qu'est l'écologie. Cela peut passer par une limitation de sa consommation de viande, l'achat de produits locaux, l'abandon des sacs plastiques à usage unique, le choix de bouteilles en verre ou encore l'amorce d'un débat sur la question avec ses amis et collègues de travail.

Pour moi, ces efforts incluent aussi l'attention portée aux ingrédients que j'utilise, à leur provenance et à la façon dont ils sont produits ou cultivés. Je préfère acheter mes fruits et mes légumes en boutique bio ou sur un marché de producteurs. Je privilégie les produits de saison, cultivés localement. Il ne s'agit pas de respecter cette règle à la lettre et en permanence – j'achète aussi des framboises surgelées en hiver et je consomme régulièrement des bananes.

CE QU'IL FAUT SAVOIR SUR LES PRODUITS BIO

Si les produits bio ne sont pas toujours plus sains que les produits ordinaires, ils présentent néanmoins plusieurs aspects positifs : ils sont en règle générale moins contaminés par les pesticides, leur mode de culture est plus durable et moins énergivore et l'élevage plus respectueux des animaux en général. Cependant, un label bio sur un produit ne signifie pas pour autant qu'il est systématiquement « meilleur ».

Le label bio européen, de forme hexagonale, garantit que le produit répond à un minimum d'exigences, mais d'autres labels sont encore plus drastiques. Ainsi, certains interdisent la monoculture, l'usage de pesticides, l'irradiation ou la modification génétique des semences. Ces labels diffèrent selon les régions du monde, aussi prenez le temps de vous pencher sur les conditions exigées dans votre pays. Je suis consciente du fait que ces produits sont souvent plus coûteux que les aliments ordinaires. Mais si vous pouvez vous le permettre, n'hésitez pas à privilégier les ingrédients bénéficiant de ces labels bio.

Vous êtes ce que vous mangez. Et la planète est notre seule maison. Si l'achat de produits bio est trop coûteux à long terme, il existe des solutions : plusieurs chaînes de supermarchés proposent leurs propres lignes de marques bio, à des prix plus abordables. Assurez-vous néanmoins que les produits répondent aux exigences standards en la matière ou sont réellement de qualité supérieure, comparés à leurs équivalents ordinaires, en sachant que cela n'est pas toujours le cas. Cela vaut la peine de faire quelques recherches et, en achetant des produits bio, de participer au soutien d'une agriculture durable et écologique.

SE MÉFIER DES MODES ET DES SUPERALIMENTS

En faisant vos courses, prenez le temps de chercher de simples substituts aux produits importés. Ayez conscience des conséquences que peut entraîner la culture de ces produits dans leur pays d'origine.

Ainsi, la culture intensive de l'avocat est la cause de pénurie d'eau en Amérique du Sud. En raison de l'essor du quinoa, de nombreux agriculteurs des pays producteurs, où il constitue l'aliment de base, ne peuvent plus se l'offrir. Ayez conscience des conséquences de vos actes.

INGRÉDIENTS DE BASE

....

La liste ci-dessous vous donne une idée des ingrédients nécessaires à la préparation des recettes de ce livre. Elle distingue aussi les ingrédients dont je dispose en permanence et ceux que j'achète régulièrement. Pour les fruits et légumes, ma sélection varie selon la saison.

MATIÈRES GRASSES & HUILES/FRUITS À COQUE, GRAINES ET PÉPINS

– Huile d'avocat
– Huile de noix de coco
– Huile de lin
– Pâte à tartiner au fruit à coque (noisettes, noix de cajou, amandes ou cacahuètes)
– Fruits à coque (noix, amandes, cacahuètes, pignons de pin, noix de cajou, noisettes, noix de pécan)
– Huile d'olive
– Graines (citrouille, lin, chanvre et tournesol)
– Tahini (pâte de sésame)

FRUITS

– Pommes
– Bananes
– Baies (de saison : fraises, framboises, etc. – également surgelées)
– Dattes
– Fruits séchés (par exemple raisins, rondelles de pommes)
– Figues
– Raisin avec pépins
– Citrons jaunes
– Mangues (fraîches ou surgelées)
– Poires
– Prunes

CÉRÉALES, PSEUDO-CÉRÉALES & LÉGUMINEUSES

– Haricots (par exemple noirs, mungo)
– Sarrasin
– Pois chiches (en boîte)
– Farine de noix de coco ou d'amande
– Lentilles
– Avoine
– Pâtes (élaborées à partir de farine complète ou de légumineuses)
– Quinoa (soufflé)
– Riz (par exemple basmati ou brun)
– Farine d'épeautre complète

SUPERALIMENTS

– Pulpe d'açaï (surgelée)
– Graines de chia
– Fèves de cacao
– Cacao en poudre (maigre et nature)
– Flocons de noix de coco et noix de coco râpée
– Eau de noix de coco
– Baies de goji, mûres
– Cosses de psyllium
– Spiruline en poudre
– Blé tendre en poudre

LÉGUMES

– Cœurs d'artichaut
– Avocat
– Graines germées
– Betterave rouge
– Brocolis
– Carottes
– Maïs (en boîte)
– Concombre
– Gingembre
– Salade (roquette, pissenlit, mâche, etc.)
– Champignons
– Olives
– Pois
– Poivrons
– Pommes de terre et patates douces
– Citrouille
– Radis
– Chou rouge
– Pousses d'épinards (fraîches ou surgelées)
– Oignons nouveaux
– Tomates (fraîches, séchées, sauce)
– Courgettes

SUBSTITUTS AU LAIT & PRODUITS PROTÉINÉS

– Boisson végétale (amande, noix de cajou, avoine ou riz)
– Yaourt à la noix de cajou, à l'amande ou à la noix de coco
– Lait de coco (environ 8 % de noix de coco)
– Crème de coco à teneur élevée en lipides (environ 60 % de noix de coco)
– Protéines en poudre (par exemple de chanvre, de lin ou de pois)

ÉPICES

– Vanille Bourbon en poudre (pas de sucre vanillé)
– Cardamome, moulue
– Cannelle de Ceylan, moulue
– Piment en poudre
– Cumin, moulu
– Gingembre (frais ou moulu)
– Noix muscade, râpée
– Paprika, doux
– Poivre
– Sel marin ou sel rose de l'Himalaya
– Curcuma, moulu

HERBES AROMA-TIQUES (FRAÎCHES, SURGELÉES, SÉCHÉES)

– Basilic
– Ciboulette
– Aneth
– Origan
– Persil
– Romarin
– Thym

DOUCEURS

– Compote de pommes
– Barres (protéinées et de fruits à coque, etc.)
– Sucre de coco
– Chocolat noir (85 à 92 % de cacao)
– Miel
– Sirops (par exemple agave, dattes, érable)

PRODUITS D'ORIGINE ANIMALE

– Filet de bœuf
– Blanc de poulet
– Œufs
– Viande hachée (bœuf)

LES BOWLS

Les bases et les astuces

....

DES BOWLS DE SMOOTHIE CRÉMEUX

◆ **AVOCAT :** Il a beaucoup à offrir, même en petite quantité, grâce à sa teneur en sains acides gras, son concentré de vitamines et même une teneur en magnésium supérieure à celle de la banane. Un parfait substitut, pauvre en glucides et en sucre.

◆ **BANANE – UN CLASSIQUE :** Une saveur sucrée pour une énergie vite assimilée. Vous ne disposez pas de bananes mûres ? Glissez des bananes jaunes entières dans le four et faites-les « mûrir » pendant 15 à 20 minutes à 160 °C.

◆ **COURGETTE SURGELÉE :** La banane « invisible ». Vous ne la sentez pas, mais elle apporte un crémeux presque comparable, avec des calories, des glucides et du sucre en moins. Cela permet aussi d'introduire une portion de légume dans votre smoothie et c'est ce qui explique que vous trouverez toujours un peu de courgette bouillie dans mon congélateur. Pour la préparer, découpez la courgette en rondelles d'environ 2 cm d'épaisseur et mettez-les à bouillir pendant 5 à 10 minutes dans une casserole. Transférez les rondelles cuites sur des feuilles de papier absorbant et laissez-les refroidir. Afin d'éviter que les rondelles collent entre elles, disposez-les en une seule couche sur une assiette avant de placer au congélateur. Une fois congelées, transférez les rondelles dans un sachet congélation.

◆ **GLAÇONS :** Pour obtenir un smoothie à texture crémeuse. Les glaçons sont zéro calorie.

◆ **PÂTE À TARTINER AU FRUIT À COQUE :** Une seule cuillère donne de l'onctuosité et apporte une délicate saveur de noisette.

ENCORE PLUS D'INGRÉDIENTS

◆ **VINAIGRE DE CIDRE :** Cela peut paraître curieux, mais ma routine du matin inclut la consommation d'un trait de vinaigre de cidre. Il favorise la digestion et soutient le système immunitaire, tout en participant à l'équilibre du taux de sucre sanguin et du pH.

◆ **CACAO :** Vous aimez le goût du chocolat ? Deux cuillerées à café de cacao en poudre par bowl suffisent. Il apporte des antioxydants, équilibre le taux de sucre sanguin et stimule l'humeur. À utiliser nature, maigre, sans additif et bien évidemment sans sucre.

◆ **EAU DE COCO :** La boisson naturelle des sportifs. Elle possède des propriétés isotoniques et contient des électrolytes. Une transpiration excessive peut entraîner une perte de liquide et d'électrolytes, ce que compense naturellement l'eau de coco.

◆ **GRAINES DE LIN :** Les fibres sont nos amies ! Elles jouent un rôle important dans les recettes de bowls de ce livre. Elles aident à digérer et apportent un sentiment de satiété durable qui prévient les petites faims. Deux cuillerées à café suffisent à couvrir nos besoins journaliers en acides gras oméga-3 !

◆ **POUDRE DE PROTÉINES DE CHANVRE :** Une précieuse source vegan de protéines ! Pour produire la poudre, les graines sont moulues et en partie débarrassées de leurs lipides. En règle générale, les protéines obtenues ne sont pas ultra-transformées. La teneur en protéines des graines est « seulement » de 45 %, mais elles apportent tous les acides aminés essentiels, beaucoup de fibres et un rapport entre oméga-3 et oméga-6 optimal.

SECRETS DE PRÉPARATION

Pour pouvoir préparer un bowl à tout moment il faut avoir à disposition quelques ingrédients de base. De même, vous aurez besoin de fruits et de légumes surgelés pour certaines recettes. Je recours souvent à la banane, coupée en morceaux, congelée et rapidement décongelée avant utilisation. Baies, mangues et pois sont disponibles à l'achat sous forme congelée. Achetez des courgettes et des patates douces fraîches, faites-les bouillir et congelez-les vous-même.

SECRETS DE CUISINE

Pour éviter que vos ingrédients collent aux parois du bol du robot-mixeur, commencez par ajouter les liquides, puis les ingrédients solides.

RECETTES À DOUBLES DÉCLINAISONS (EXEMPLE GÉNÉRIQUE)

Des recettes comme celle du porridge peuvent être préparées pour perdre du poids ou au contraire en gagner. Cela peut paraître étrange, mais ça marche !

BOL DE PORRIDGE HYPERCALORIQUE	BOL DE PORRIDGE HYPOCALORIQUE
Cuire avec : boisson végétale	Cuire avec : eau
Incorporer : 1 à 2 cuillerées à soupe de pâte à tartiner au fruit à coque	Incorporer : 1 poignée de courgette râpée, 2 à 3 cuillerées à soupe de cosses de psyllium ou de graines de lin écrasées – pour le volume et le sentiment de satiété
Fruits : banane, datte ou fruit séché	Fruits : baies et autres fruits frais
Garniture : quantité généreuse de graines ou de fruits à coque, pâte à tartiner au fruit à coque	Garniture : fruits frais, céréales soufflées ou confiture de baies (voir page 213)

POUR BIEN DÉMARRER

De l'ordre dans la cuisine

....

Dans mes recettes, j'utilise généralement les ingrédients les plus adaptés à mon organisme, ceux qui, selon moi, sont plus diététiques que leurs équivalents ordinaires. Voici ci-dessous la liste de quelques substituts sains que je privilégie, même si de temps en temps tout est permis ! Pour une consommation quotidienne, les ingrédients à gauche du tableau sont moins adaptés. Je vous invite à ranger ces ingrédients dans le fond de votre placard. Hors de portée, vous serez moins tenté d'y recourir trop souvent.

INGRÉDIENTS	SUBSTITUTS
BEURRE DE CACAHUÈTES ULTRA-TRANSFORMÉ	Beurre de cacahuètes naturel. Eh bien non, toutes les pâtes à tartiner aux cacahuètes ne se valent pas. Beaucoup contiennent du sucre, de l'huile de palme ou de tournesol. Étudiez la liste des ingrédients. Vous n'avez besoin de rien d'autre que de cacahuètes et de sel. Cela vaut pour toutes les autres pâtes à tartiner aux fruits à coque.
PLATS CUISINÉS	Légumes ou légumineuses, en boîte ou surgelés. Toujours disponibles et prêts à l'emploi, pour préparer quelque chose de rapide et de délicieux.
YAOURT AU LAIT DE VACHE	Substitut au yaourt végétal. J'évite les produits laitiers pour ma santé et pour des raisons éthiques (pour plus de détails sur le sujet, voir page 34, Lait & substituts).
LAIT DE VACHE	Boisson végétale. Pour les raisons évoquées ci-dessus, je préfère ce substitut.

INGRÉDIENTS	SUBSTITUTS
RIZ AU JASMIN	Riz brun. Cet ingrédient complet est un concentré de glucides complexes à lente assimilation. Le riz au jasmin entraîne un pic de glycémie. Autres substituts : le millet ou une pseudo-céréale comme le quinoa.
CRÈME GLACÉE	Crème diététique élaborée à partir de bananes et d'autres fruits surgelés. Elle ne contient que des ingrédients naturels et peu de matière grasse (voir recette page 177).
SUCRE DE TABLE BLANC	Sucre de coco. Riche en minéraux, il est assimilé plus lentement et est, de fait, plus diététique. Autres substituts : sirop d'érable, de datte, d'agave, miel (pour plus de détails sur le sujet, voir page 42, Sucre & substituts).
FARINE BLANCHE	Farine complète, d'amande, d'avoine ou de noix de coco. Riches en minéraux, elles procurent un sentiment de satiété durable.
PÂTES ORDINAIRES	Pâtes complètes. Toutes les substances sources de bienfaits sont localisées dans ou sous l'enveloppe des céréales. Lors de la transformation des céréales en farine blanche, presque tous les nutriments sont perdus. Autre substitut : spaghettis de légumes.

USTENSILES DE CUISINE, APPAREILS ET ÉQUIPEMENT

Pour préparer les recettes de ce livre, réunissez le matériel suivant :

Plaque de cuisson et papier sulfurisé, saladiers, planche à découper, déshydrateur (facultatif), robot de cuisine, barquettes congélation, poêle à frire, batteur/fouet électrique, robot-mixeur, couteau d'office, verre doseur, plats thermorésistants, économe, faitouts et casseroles, cocotte-minute (facultatif), râpe, essoreuse à salade, balance de cuisine de précision (numérique), tamis, spatule, spiraliseur, jeu de récipients (bocaux, verres et boîtes), fouet, louche.

Bowls du petit déjeuner

2

Le petit déjeuner est de loin mon repas préféré de la journée ! Le premier après la période de jeûne de la nuit. Mais entendons-nous bien, cela ne signifie pas forcément que vous devez manger le matin ! Personnellement, je n'ai jamais vraiment très faim au réveil, mais je ne saurais me passer de mon porridge adoré. Je le savoure donc vers midi ou dans la soirée. Plus précisément avant ou après une séance d'entraînement, quand le porridge m'apporte l'énergie dont mon corps à besoin. C'est pourquoi, lors de mes voyages, j'apprécie tant ces restaurants où l'on peut prendre un petit déjeuner à toute heure de la journée. Les recettes de ce chapitre démontrent à l'évidence l'amour inconditionnel que je voue au porridge. Certains seront étonnés par la polyvalence de l'avoine. En dehors des préparations sucrées, où seuls les fruits font office d'édulcorants naturels, vous trouverez également quelques recettes de bols salés.

PORRIDGE CLASSIQUE
aux 4 ingrédients

environ 10 minutes

› ½ banane
› *50 g d'avoine*
› *1 c. à soupe de pâte à tartiner au fruit à coque (de préférence aux cacahuètes)*
› *facultatif : cannelle de Ceylan moulue ou vanille en poudre*

GARNITURE :
› *½ banane, 1 c. à soupe de beurre de fruit à coque*

Astuce

* *L'avoine* est sans gluten, mais elle peut entrer au contact d'autres céréales lors du processus d'emballage. En cas d'intolérance sévère au gluten, optez pour de l'avoine zéro gluten.

1 Écrasez la demi-banane à la fourchette. J'utilise de préférence des bananes bien mûres, légèrement brunes.

2 Mélangez la banane écrasée avec l'avoine, la boisson végétale et la pâte à tartiner au fruit à coque. Ajoutez un peu de cannelle ou de vanille.

3 Dans une petite casserole, laissez mijoter la préparation pendant environ 3 minutes, jusqu'à l'obtention d'un porridge.

4 Pour la garniture, coupez l'autre moitié de banane en rondelles et ajoutez un peu plus de pâte à tartiner au fruit à coque.

Consommer de l'avoine tous les jours et sous toutes les formes — telle est ma devise. J'ai cherché à introduire le plus de variété possible dans ce chapitre, mais le porridge reste ma préparation préférée. Ce Porridge aux 4 ingrédients suffit à démontrer à quel point il est facile de préparer un porridge à la fois savoureux et crémeux. Attention, risque d'addiction ! Je vous conseille vivement de le préparer la veille. Dans ce cas, sautez l'étape 3 et laissez la préparation macérer toute une nuit au réfrigérateur. Pour prendre connaissance de tous les bienfaits de cette céréale diététique et économique, rendez-vous page 28.

VALEUR NUTRITIONNELLE MOYENNE 440 KCAL. – PROTÉINES 13 G – GLUCIDES 54 G – FIBRES 10 G – LIPIDES 18 G (INSATURÉS 15 G)

PORRIDGE
aux cacahuètes et à la confiture

environ 25 minutes

> ½ pomme ou ½ banane
> 50 g d'avoine
> 100 ml de boisson végétale
> (par exemple d'avoine)
> 1 pincée de sel
> 2 c. à café de beurre
> de cacahuètes
> facultatif : 1 c. à soupe
> de sirop d'agave, d'érable
> ou de dattes

GARNITURE :

> 50 g de Confiture de baies
> (recette page 213), 1 c. à café de
> beurre de cacahuètes, baies et
> 10 g de cacahuètes

····· Astuce ·····

* Votre *beurre de cacahuètes*
est trop dur ou trop collant ?
Ajoutez simplement un trait
d'eau chaude et
mélangez le tout.

1 Vous aurez besoin de confiture de baies pour la garniture. Préparez-la pour l'occasion ou utilisez un reste de confiture conservé au réfrigérateur. La confiture faite maison se conserve 3 à 4 jours après ouverture (recette page 213).

2 Hachez finement ou râpez la pomme. Éventuellement, vous pouvez remplacer la pomme par une demi-banane écrasée.

3 Transférez le fruit dans une casserole, ajoutez l'avoine, un peu d'eau, 50 ml de boisson végétale et le sel. Chauffez sur feu doux, sans cesser de remuer. Retirez du feu après 3 minutes de cuisson, puis incorporez un peu de beurre de cacahuètes et le reste de boisson végétale. Pour une saveur plus suave, ajoutez une c. à café d'un édulcorant naturel au choix.

4 Transférez le porridge dans un bol. Agrémentez de confiture de baies et d'un peu de beurre de cacahuètes. J'aime ajouter quelques baies fraîches et des cacahuètes.

Cette recette, déjà médiatisée sur ma chaîne cuisine sur Instagram, trouve son inspiration aux États-Unis où le beurre de cacahuètes et la confiture sont des classiques sur les toasts et dans les sandwiches. Les saveurs de cette association salée/sucrée sont ici les mêmes, mais avec le recours à des ingrédients naturels et sans sucre ajouté. Cela s'applique aussi à la confiture de baies !

VALEUR NUTRITIONNELLE MOYENNE 490 KCAL. – PROTÉINES 16 G – GLUCIDES 53 G – FIBRES 11 G – LIPIDES 22 G (INSATURÉS 19 G)

PORRIDGE CHAUD
aux fruits à coque et aux fruits séchés

environ 10 minutes

› *20 g de fruits à coques et de graines (par exemple amandes et graines de citrouille)*

› *3 à 4 rondelles de gingembre*

› *50 g d'avoine*

› *2 c. à café de petites graines (lin ou chanvre)*

› *100 ml d'eau*

› *1 c. à café de cannelle de Ceylan moulue*

› *vanille en poudre*

› *100 ml de boisson végétale (avoine ou riz)*

› *1 pincée de sel*

GARNITURE :

› *100 g de fruit (banane, pomme ou poire), 1 c. à café d'huile de noix de coco, cannelle de Ceylan moulue, vanille en poudre*

—— *Info* ——

✳ Pour tout savoir sur les bienfaits des *fruits à coque et des graines,* voir page 38.

1 Hachez grossièrement les fruits à coques et les graines, puis émincez les rondelles de gingembre aussi finement que possible. Éventuellement, utilisez du gingembre moulu.

2 Dans une casserole, placez les fruits à coque et toutes les graines, puis ajoutez l'avoine, le sel, l'eau, les épices et 50 ml de boisson végétale. Laissez mijoter sur feu doux pendant 3 minutes. Retirez la casserole du feu et incorporez le reste de boisson végétale.

3 Lavez, essuyez et pelez le fruit, avant de le couper en petits morceaux. Dans une poêle à frire, faites revenir le fruit dans l'huile de noix de coco, avec la cannelle et la vanille. Si vous utilisez un fruit à chair coriace (par exemple une pomme), ajoutez un peu d'eau, afin de bien répartir les épices et cuire le fruit à point.

4 Transférez le porridge dans un bol et décorez de fruits secs.

Les fruits sautés à la cannelle et à la vanille sont une des idées de ma mère, qui procède ainsi depuis des années, notamment avec les pommes et les bananes. À chaque fois, de douces notes de pommes et de bananes cuites envahissent sa maison. Comparée à la recette classique des pommes cuites, cette préparation plus allégée ne vous donnera pas mauvaise conscience – un délice, même sans ajout de beurre ou de sucre. Sinon, vous savez ce que ma mère adore ? Les fruits à coque. Elle raffole de ma recette, mais aussi de celle du Gâteau noix de coco et banane aux éclats de chocolat page 191.

VALEUR NUTRITIONNELLE MOYENNE 498 KCAL. – PROTÉINES 16 G – GLUCIDES 54 G – FIBRES 11 G – LIPIDES 24 G (INSATURÉS 17 G)

PORRIDGE CANNELLE
à la confiture de figues maison

environ 25 minutes

› *50 g de confiture de figues*
(recette page 214)
› *½ pomme*
› *3 à 4 fines rondelles*
de gingembre
› *50 g d'avoine*
› *150 ml d'eau*
› *150 ml de boisson végétale*
(par exemple avoine)
› *1 c. à café de graines de lin*
écrasées
› *1 c. à café de cannelle*
de Ceylan moulue

GARNITURE :

› *1 petite figue, 10 g de noix de*
pécan, 1 c. à café de grué de cacao

····· *Astuce* ·····

* Si les *figues* sont fraîches,
vous pouvez les consommer
avec leur peau !

1 Préparez une confiture de figues pour l'occasion (voir recette page 214) ou utilisez un reste de confiture conservé au réfrigérateur.

2 Lavez la pomme et le gingembre, coupez-les en petits morceaux. Éventuellement, utilisez ½ c. à café de gingembre moulu.

3 Dans une casserole, placez les morceaux de pomme et de gingembre, puis ajoutez l'avoine, l'eau, 100 ml de boisson végétale, les graines de lin et la cannelle. Chauffez sur feu doux, sans cesser de remuer. Retirez du feu après 3 minutes de cuisson, puis incorporez le reste de boisson végétale et la confiture, sans oublier d'en réserver un peu pour la garniture.

4 Lavez la figue, puis coupez-la en morceaux pour agrémenter le porridge, avec quelques noix de pécan, du grué de cacao et le reste de confiture.

La confiture peut-être bien plus qu'une gourmandise étalée sur une tartine ! C'est aussi un pur délice associé à de l'avoine, qui me change de ma pâte à tartiner aux fruits à coque adorée. Les figues sont un des fruits parmi les plus anciens consommés par l'humanité. Ainsi, le fruit préféré de Cléopâtre se révèle une précieuse source de minéraux essentiels, comme le magnésium, le cuivre et le calcium. Les figues séchées abritent plus de calcium que le lait ! Plus le fruit est mûr, plus il est riche en antioxydants.

VALEUR NUTRITIONNELLE MOYENNE 617 KCAL. – PROTÉINES 12 G – GLUCIDES 75 G – FIBRES 17 G – LIPIDES 29 G (INSATURÉS 23 G)

PORRIDGE
à la banane et au rawnola

environ 10 minutes

> *1 banane mûre*
> *40 g d'avoine*
> *1 c. à café de graines de lin écrasées*
> *1 c. à soupe de noisettes hachées*
> *1 c. à soupe de raisins secs*
> *150 ml de boisson végétale*
> *100 ml d'eau*
> *1 c. à café de cannelle de Ceylan moulue*
> *vanille en poudre*
> *¼ de c. à café de cardamome moulue*
> *1 pincée de sel*

GARNITURE :

> *20 g de Rawnola premium (recette page 204), 1 c. à café de miel*

Note

* Plus la *banane* est brune, plus elle est sucrée, et mieux c'est !

1 Coupez un quart de la banane en rondelles et réservez-les pour la garniture. Écrasez le reste de banane à la fourchette.

2 Dans une casserole, chauffez sur feu doux la banane écrasée, avec l'avoine, les graines de lin, les noisettes, les raisins secs, la boisson végétale, l'eau, le sel et les épices

3 Laissez mijoter pendant environ 3 minutes tout en remuant régulièrement.

4 Transférez le porridge dans un bol et agrémentez-le de rondelles de banane, de rawnola (j'utilise celui de la recette du Rawnola premium, page 204) et d'un peu de miel.

J'adore le cake à la banane, mais qui a le temps de préparer cette recette au quotidien ? Ce porridge permet de retrouver les saveurs de cette gourmandise en seulement 10 minutes ! Pour moi, cette recette est associée à la détente, au confort cosy de son chez-soi, ambiance bougie parfumée. Rien ne vous empêche de transformer cette recette en une version vegan, en remplaçant le miel par du sirop de dattes ou du sucre de fleur de coco.
Si vous préférez un porridge moins collant, ajoutez un peu plus de boisson végétale ou d'eau. Tout est une question de goût… Comme toujours dans la vie !

VALEUR NUTRITIONNELLE MOYENNE 502 KCAL. – PROTÉINES 12 G – GLUCIDES 67 G – FIBRES 11 G – LIPIDES 19 G (INSATURÉS 15 G)

PORRIDGE
au quinoa et à la vanille

environ 35 minutes

- ‣ *100 g de courge*
- ‣ *1 c. à café d'huile de noix de coco*
- ‣ *2 c. à café de cannelle de Ceylan moulue*
- ‣ *80 g de quinoa non cuit (250 g après cuisson)*
- ‣ *150 ml de boisson végétale (avoine ou riz)*
- ‣ *100 ml d'eau*
- ‣ *vanille en poudre*
- ‣ *¼ de c. à café de cardamome*
- ‣ *1 à 2 c. à café de sirop de dattes ou d'érable*
- ‣ *1 pincée de sel*

GARNITURE :
- ‣ *2 petites figues, 1 poignée de raisins secs*

Info

* Le *quinoa* se présente sous de multiples variétés, blanche, rouge et noire. C'est le blanc qui présente la saveur la plus douce.

1 Préchauffez le four à 180 °C.

2 Coupez la courge en morceaux et retirez les graines. Nappez les morceaux de courges d'huile de noix de coco et saupoudrez-les de 1 c. à café de cannelle. Chemisez une plaque de cuisson de papier sulfurisé, répartissez les morceaux de courge et enfournez pour 20 à 30 minutes. Le temps de cuisson peut varier, selon la grosseur des morceaux de courge.

3 Entre-temps, rincez le quinoa et transférez-le dans une casserole. Ajoutez la boisson végétale, l'eau, le sel, la vanille, la cardamome moulue et le reste de cannelle, puis portez à ébullition sur feu moyen. Réduisez le feu et laissez mijoter pendant 15 minutes. Retirez la casserole du feu, couvrez et réservez, le temps que la courge rôtisse. Parfumez le porridge de sirop de dattes ou d'érable. Goûtez et rectifiez.

4 Mettez le porridge dans un bol, puis agrémentez-le de morceaux de figues, de raisins secs et de courge rôtie à la cannelle.

À l'approche de l'automne, alors que le froid s'installe, rien n'est plus agréable que le parfum de la courge rôtie à la cannelle qui envahit la maison. La courge et le quinoa sont surtout utilisés pour la préparation de recettes salées, mais leur association fait merveille dans les recettes sucrées. Le quinoa est aussi un parfait substitut à l'avoine pour préparer un porridge. Essayez !

VALEUR NUTRITIONNELLE MOYENNE 562 KCAL. – PROTÉINES 16 G – GLUCIDES 94 G – FIBRES 12 G – LIPIDES 11 G (INSATURÉS 6 G)

RAWNOLA

environ 10 minutes

➤ *50 g de rawnola (par exemple Rawnola fruité, recette page 207)*
➤ *150 ml de boisson végétale*

Note

* Mon *Rawnola fruité* est facile à préparer à la maison et se révèle divin avec n'importe quel sirop, additionné de sucre ou d'huile. Le rawnola est un granola cru, à base de fruits séchés, riche en vitamines essentielles et en fibres. Un vrai délice, pour un petit déjeuner diététique.

1 Préparez vous-même votre rawnola. Suivez les instructions détaillées d'une recette en deux versions, page 204 et 207. Il est encore meilleur préparé la veille, mais en cas d'urgence, pas de panique ! La recette peut être réalisée en 10 minutes.

2 Choisissez votre boisson végétale préférée et savourez aussitôt. Si vous attendez trop, la préparation peut devenir détrempée.

Le muesli et le lait ont accompagné toute mon enfance. Je me souviens : j'attendais le petit déjeuner avec impatience et j'y pensais dès le coucher. Aujourd'hui, les préparations classiques pour muesli ou les granolas prêts à l'emploi contiennent bien trop de sucre ajouté. Et cela s'applique même aux produits achetés en boutiques bio. Leur consommation à long terme crée une accoutumance au sucre : nos papilles gustatives s'habituent très vite à cette teneur en sucre et tout le reste nous paraît fade et sans saveur. Je n'achète jamais de muesli sans étudier la liste des ingrédients. Sirop de canne, sirop de sucre, maltose, dextrose, glucose et sirop de fructose – tout cela est à bannir. De même, l'huile de palme, l'huile de tournesol ordinaire, les exhausteurs de goût et de parfum sont largement présents dans les croustillants mueslis. En quantité limitée, ils restent acceptables, mais un bol chaque matin représente beaucoup trop de sucre. Reportez-vous page 42 pour en apprendre un peu plus sur le sucre.

VALEUR NUTRITIONNELLE MOYENNE 217 KCAL. – PROTÉINES 6 G – GLUCIDES 28 G – FIBRES 8 G – LIPIDES 8 G (INSATURÉS 6 G)

PUDDING CRÉMEUX
au riz de sarrasin

*environ 25 minutes
+ trempage facultatif 1 heure*

▸ *50 g de sarrasin non cuit
(équivalent à environ 90 g
après trempage)*

▸ *100 ml de crème de coco
(environ 60 % de noix de coco)*

▸ *100 ml d'eau*

▸ *noix muscade râpée*

▸ *1 c. à café de cannelle
de Ceylan moulue*

▸ *vanille en poudre*

▸ *50 g de fruits (par exemple
pomme, poire, banane)*

▸ *20 g de fruits à coque (amandes
et noisettes)*

▸ *10 g de raisins secs*

▸ *1 pincée de sel*

▸ *facultatif : 1 c. à café de sirop
de dattes, d'érable ou d'agave*

1 Dans une casserole, laissez mijoter le sarrasin avec le lait de coco, l'eau, le sel et les épices, pendant environ 20 minutes sur feu doux. Si vous avez préalablement mis le sarrasin à tremper dans un saladier d'eau, réduisez le temps de cuisson à 10 ou 15 minutes.

2 Entre-temps, rincez et pelez le fruit puis coupez-le en petits morceaux. Hachez les fruits à coque. Réservez un peu de fruit, de fruits à coque et de raisins secs pour la garniture. Incorporez le reste à la préparation au sarrasin et laissez mijoter 5 minutes sur feu doux.

3 Ajoutez un peu plus d'épices au pudding. Incorporez un peu de sirop de dattes, d'érable ou d'agave.

4 Transférez le pudding dans un bol. Agrémentez de fruit, fruits à coque et raisins secs réservés.

Le sarrasin est cultivé depuis plus de 5 000 ans et se retrouve au quotidien dans le régime alimentaire des Russes, alors qu'il est depuis longtemps oublié dans d'autres régions du monde. Il offre une saveur de noisette, ne contient pas de gluten et n'a rien à voir avec le blé. Il est riche en sucres lents, vitamines et minéraux. Ainsi, 100 g de sarrasin suffisent à couvrir plus de 50 % de nos besoins journaliers en manganèse et environ 25 % de nos besoins en magnésium. De quoi réguler le taux de sucre sanguin et la tension artérielle.

VALEUR NUTRITIONNELLE MOYENNE 558 KCAL. – PROTÉINES 11 G – GLUCIDES 59 G – FIBRES 7 G – LIPIDES 31 G (INSATURÉS 11 G)

PUDDING CHOCOLAT
et framboises aux graines de chia

environ 20 minutes

> *15 g de graines de chia*
> *1 c. à café de cacao maigre en poudre*
> *½ c. à café de cannelle de Ceylan moulue*
> *½ banane mûre*
> *25 g d'avocat*
> *50 ml de crème de coco (environ 60 % de noix de coco)*
> *50 ml de boisson végétale (noix de coco ou amande)*
> *50 g de framboises*
> *1 pincée de sel*
> *facultatif : 1 c. à café de sirop de dattes ou d'érable, miel*

Note

* Cette recette fonctionne parfaitement avec un pudding de la veille. Préparez le pudding le soir et laissez-le tremper toute la nuit au réfrigérateur, avant de le déguster le lendemain.

1 Dans un bol, mélangez les graines de chia, le cacao en poudre, le sel et la cannelle.

2 Mixez la banane et l'avocat jusqu'à l'obtention d'une préparation crémeuse. Incorporez la préparation aux graines de chia.

3 Versez la crème de coco et la boisson végétale sur le mélange. Remuez. Éventuellement, ajoutez un peu de sirop de dattes ou d'érable, ou du miel.

4 Incorporez quelques framboises fraîches ou surgelées, en réservant quelques baies pour la garniture. La consistance du pudding semble trop liquide au début, mais après 15 minutes, les graines de chia auront tout absorbé et vous obtiendrez un pudding d'une merveilleuse texture, crémeuse à souhait.

Le pudding aux graines de chia exploite les propriétés absorbantes de ces graines. En règle générale, je suis une fervente partisane des graines de lin locales, mais j'admets que les graines de chia sont plus adaptées dans cette recette. En raison de leur goût, plutôt neutre, elles sont une base parfaite permettant la création de délicieuses saveurs, grâce à l'ajout d'autres ingrédients. L'avocat et la banane apportent leur crémeux. Hypocalorique et peu sucrée, cette recette procure néanmoins un sentiment de satiété durable, tout en étant très riche en nutriments importants, comme les vitamines et les minéraux.

VALEUR NUTRITIONNELLE MOYENNE 310 KCAL. – PROTÉINES 7 G – GLUCIDES 18 G – FIBRES 6 G – LIPIDES 21 G (INSATURÉS 10 G)

ŒUFS BROUILLÉS
à la banane et à la noix de coco

environ 15 minutes

> ‣ *1 banane*
> ‣ *2 œufs moyens*
> ‣ *2 c. à soupe de crème de coco*
> *(environ 60 % de noix de coco)*
> ‣ *1 c. à café d'huile*
> *de noix de coco*

GARNITURE :

> ‣ *1 c. à café de flocons de noix*
> *de coco, 10 g d'amandes hachées,*
> *2 c. à café de pâte à tartiner*
> *au fruit à coque (par exemple*
> *amande), ½ poire*

Info

* Les *œufs* de poules élevées en plein air contiennent plus de vitamines et de sains acides gras oméga-3.

1 Pelez la banane et coupez-la en morceaux. J'utilise de préférence une banane très mûre, à la peau piquée de taches brunes.

2 Dans un saladier, battez les œufs, puis ajoutez le lait de coco. Je préfère une crème de coco à environ 60 % de noix de coco.

3 Réservez quelques rondelles de banane pour la garniture. Ajoutez le reste aux œufs battus et remuez. Dans une poêle à frire, faites cuire la préparation aux œufs dans un peu d'huile de noix de coco. J'aime mes œufs brouillés pas trop cuits, encore un peu baveux.

4 Transférez les œufs brouillés dans un bol, puis ajoutez les flocons de noix de coco, les amandes hachées et un peu de pâte à tartiner au fruit à coque. Émincez la poire sur les œufs et agrémentez du reste de banane.

Des œufs brouillés sucrés ? A priori, cela peut paraître curieux, mais la banane et les œufs se marient à la perfection. La banane ramollit en cuisant et ses sucs caramélisent la poêle, ce qui intensifie sa saveur et son côté sucré. Cette recette m'a aussi été transmise par ma mère, qui nous la préparait plusieurs fois dans la semaine. Ainsi, j'ai toujours considéré cette association de saveurs comme étant « normale », même si cela peut en surprendre certains.
Substitut : En l'absence de crème de coco, utilisez en même quantité un yaourt à la noix de coco.

VALEUR NUTRITIONNELLE MOYENNE 524 KCAL. – PROTÉINES 20 G – GLUCIDES 35 G – FIBRES 7 G – LIPIDES 34 G (INSATURÉS 18 G)

GALETTES ÉPINARDS

et pois chiches à l'œuf poché

environ 15 minutes

> › *100 g de tomates cerises*
> › *50 g d'avocat*
> › *60 g de pois chiches en boîte*
> › *3 œufs moyens*
> › *1 trait de jus de citron*
> › *noix muscade râpée*
> › *20 g de pousses d'épinards fraîches*
> › *1 c. à café d'huile d'avocat*
> › *1 c. à café de vinaigre*
> › *2 c. à café de tahini (pâte de sésame)*
> › *sel et poivre*

VALEUR NUTRITION-NELLE MOYENNE
548 KCAL. – PROTÉINES
30 G – GLUCIDES 16 G –
FIBRES 10 G – LIPIDES 39 G
(INSATURÉS 26 G)

1 Lavez les tomates et coupez-les en dés. Coupez l'avocat en petits morceaux et réservez le tout.

2 Rincez les pois chiches dans une passoire, sous l'eau froide. Au robot-mixeur ou au robot de cuisine, mixez les pois chiches avec deux œufs, le jus de citron, la noix muscade, le sel et le poivre, jusqu'à l'obtention d'une pâte.

3 Parez et lavez les épinards, avant de les sécher et de les effilocher. Incorporez les épinards à la pâte aux pois chiches.

4 Versez un peu d'huile d'avocat dans une poêle à frire et faites revenir des petites galettes de pâte rondes. Laissez-les cuire, puis retournez-les pour les dorer uniformément.

5 Dans un saladier, cassez le dernier œuf, en veillant à ne pas rompre le jaune. Remplissez une casserole d'eau à moitié, ajoutez le vinaigre et portez à ébullition. Baissez le feu et remuez à l'aide d'une cuillère, de façon à créer un tourbillon. Faites glisser l'œuf au centre du tourbillon et laissez-le pocher pendant 3 à 4 minutes. Le mouvement de l'eau permet au blanc de cuire en enveloppant le jaune.

6 Transférez l'œuf poché dans un bol, avec les tomates, l'avocat et les galettes. Salez et poivrez.

7 En guise de sauce, utilisez du tahini nature (pâte de sésame) ou allongé avec un peu d'eau.

ŒUFS BROUILLÉS
aux légumes et au sarrasin toasté

environ 15 minutes

› *100 g de courgette*
› *50 g de champignons*
› *1 c. à café d'huile d'avocat*
› *piment en poudre*
› *100 g de tomates cerises*
› *1 poignée de persil frais*
› *3 œufs moyens*
› *20 g de sarrasin*
› *sel et poivre*

1 Lavez la courgette et les champignons, puis coupez-les en petits morceaux. Faites revenir le tout dans une poêle à frire avec un peu d'huile d'avocat. Assaisonnez de piment en poudre, de sel et de poivre. Lavez et coupez les tomates en dés. Lavez le persil, séchez-le et hachez-le grossièrement. Ajoutez le tout aux légumes sautés.

2 Battez les œufs dans un saladier. Ajoutez-les dans la poêle avec les légumes et faites frire le tout. Les légumes doivent déjà être un peu rôtis et grillés.

3 Dans une autre poêle à frire anti-adhésive, toastez le sarrasin à sec, pendant environ 2 à 3 minutes sur feu doux. Remuez réguliè-rement, le temps de le dorer uniformément.

4 Assaisonnez la préparation aux œufs brouillés selon vos goûts, puis transférez-la dans un bol. Parsemez le tout de sarrasin toasté.

Sur un plan strictement diététique, une version hypocalorique et pauvre en lipides, faisant appel au seul blanc d'œuf, aurait probable-ment été préférable. Mais pourquoi se priver du jaune d'œuf et laisser ainsi de côté près de 90 % de tous ses nutriments et vitamines ? Le jaune contient par ailleurs cette populaire « vitamine du soleil », autrement dit la vitamine D, rarement présente dans les aliments et qui manque à beaucoup de gens. Pour moi, le plus important est que les œufs soient bio et issus de poules élevées en plein air !

VALEUR NUTRITIONNELLE MOYENNE 389 KCAL. – PROTÉINES 25 G – GLUCIDES 23 G – FIBRES 5 G – LIPIDES 21 G (INSATURÉS 12 G)

Astuce

* La recette de base des œufs brouillés peut être utilisée avec tous les restes de légumes que vous trouverez dans votre réfrigérateur. Soyez inspirée et faites preuve d'imagination !

ŒUFS AU FOUR
pauvres en glucides

environ 30 minutes

› *50 g de légumes (par exemple poivron et épinards)*
› *2 œufs moyens*
› *piment en poudre*
› *1 c. à café d'huile d'avocat*
› *sel et poivre*

GARNITURE :

› *1 c. à café d'huile d'olive*

1 Préchauffez le four à 180 °C.

2 Une large variété de légumes peut être utilisée dans cette recette – tomates, courgettes, olives ou champignons. Jetez un œil dans votre réfrigérateur… J'utilise ici du poivron rouge et des épinards. Lavez les légumes, coupez le poivron en dés et hachez les épinards.

3 Dans un saladier, battez un des œufs à la fourchette, ajoutez les légumes, remuez et assaisonnez de sel, poivre et piment en poudre. Graissez un petit plat à rôtir rond avec un peu d'huile d'avocat, puis versez-y la préparation à l'œuf et aux légumes.

4 Étalez la préparation, en formant un creux au centre. Cassez le deuxième œuf au-dessus du creux.

5 Enfournez pour 20 à 25 minutes, puis nappez d'un peu d'huile d'olive. Bon appétit !

Œufs au plat, pochés, durs… Tout le monde connaît ces méthodes de préparation. Mais avez-vous déjà cuit des œufs au four ? Cela est un peu plus long, mais vous pouvez mettre ce temps à profit… par exemple pour vous coiffer et vous maquiller ! Cette recette est idéale en semaine, pour les matins où vous êtes stressé. Elle convient aussi parfaitement à tous ceux qui suivent un régime pauvre en glucides.

VALEUR NUTRITIONNELLE MOYENNE 259 KCAL. – PROTÉINES 16 G – GLUCIDES 3 G – FIBRES 1 G – LIPIDES 20 G (INSATURÉS 13 G)

········ *Astuce* ········

* Trop peu calorique ? Pas de problème. Ajoutez un peu de féta aux légumes ou choisissez un avocat mûr en accompagnement. Deux suggestions parfaites pour cette recette. Un plat pauvre en glucides peut être délicieux.

Bowls de smoothie

3

À mon avis, les bols de smoothie ont tout pour devenir une tendance durable. Je me jette dessus où que je me trouve dans le monde, que ce soit à Bali, Londres ou Los Angeles. La recette est basée sur un smoothie à texture très épaisse, agrémenté de toutes sortes de garnitures et consommé sans attendre. Une préparation gourmande plutôt sucrée, veloutée, rafraîchissante, légère et souvent fruitée. Les bols de smoothie sont diététiques, visuellement séduisants et rapides à préparer, à condition de disposer d'un robot-mixeur. Ils vous stimulent rapidement, car leurs ingrédients crémeux et mixés sont facilement assimilés par l'organisme et convertis en énergie.

SMOOTHIE
aux baies d'açaï

environ 10 minutes

▸ *100 g de purée d'açaï*
▸ *1 banane*
▸ *50 ml de boisson végétale*

GARNITURE :
▸ *½ banane, 1 poignée de baies, quelques amandes, 2 c. à café de flocons de noix de coco*

VALEUR NUTRITION-
NELLE MOYENNE
390 KCAL. – PROTÉINES 7 G
– GLUCIDES 46 G
– FIBRES 12 G – LIPIDES 21 G
(INSATURÉS 12 G)

Info

* Incroyable, mais vrai :
les baies d'*açaï* sont
exemptes de sucre !

1 Au robot-mixeur, mixez la purée d'açaï et la banane, fraîche ou surgelée, additionnées de boisson végétale.

2 Pour la garniture, faites preuve de créativité ! En règle générale, je coupe ½ banane en rondelles, j'ajoute une poignée de baies, quelques amandes et flocons de noix de coco, le tout déposé en bandes alternées sur mon smoothie d'açaï.

J'achète la purée d'açaï en grande surface et je ne m'en cache pas. Mais peu importe. Je tiens avant tout à vous parler des bienfaits de ces fruits sur la santé et de leurs particularités. Première chose, préférez la purée d'açaï surgelée à la version en poudre. Surgelées, les baies sont plus fraîches et contiennent encore presque tous leurs nutriments et vitamines. Elles ont aussi plus de saveur !
Les baies d'açaï de ma purée sont récoltées au Brésil, sur une espèce de palmier. Ainsi, ces arbres ne sont pas coupés, ce qui permet de préserver en partie la forêt tropicale humide. Les graines/pépins représentent près de 90 % de la baie, dont il faut se débarrasser avant de réduire la pulpe en purée. Quand les baies sont de qualité supérieure, la purée est soumise à une congélation rapide, afin de conserver tous ses nutriments. Ses extraordinaires propriétés antioxydantes sont mesurées par l'indice ORAC (voir page 9) et affichent une valeur de plus de 100 000, alors que celle de la myrtille est d'environ 9 000 et à peine 3 000 pour la pomme. Reportez-vous page 49 pour en apprendre un peu plus sur les antioxydants. Enfin, sachez que la saveur d'un bol d'açaï est unanimement reconnue comme un pur délice !

SMOOTHIE AU CHOCOLAT
et aux baies d'açaï — sans banane

environ 10 minutes

> 50 g d'un assortiment
> de baies surgelées
> 50 g de *mangue* surgelée
> 100 g de purée d'açaï surgelée
> 2 c. à café de cacao
> en poudre maigre
> 100 ml de boisson végétale

GARNITURE :

> 20 g de mangue surgelée, 2 c. à
> café de grué de cacao, quelques
> mûres, quelques framboises,
> 1 c. à café de pollen d'abeille

Info

* *La mangue* compte
parmi le groupe de fruits les
plus riches en vitamine A
et d'une teneur en vitamine
C comparable à celle du
citron !

1 Au robot-mixeur, mixez les baies, la mangue, la purée d'açaï, le cacao en poudre et la boisson végétale de votre choix, jusqu'à l'obtention d'un mélange lisse et crémeux.

2 Transférez la préparation dans un bol et ajoutez la garniture de votre choix. J'aime déposer sur mon smoothie différents morceaux de fruits : mangue surgelée, framboises, grué de cacao, mûres et pollen d'abeille, en bandes alternées.

Oui, un smoothie aux baies d'açaï peut être préparé sans banane ! Je me suis longtemps posé des questions à ce sujet. En fait, la mangue et les baies surgelées constituent de parfaits substituts et apportent même une saveur exotique à la recette. En y ajoutant un peu de cacao, vous transformez cette création en un bol de smoothie au chocolat ! Je n'ai pas peur de revendiquer cette petite astuce. Le cacao en poudre renforce l'effet anti-âge de la baie d'açaï, avec une teneur record en antioxydant. À conseiller pour retrouver un teint resplendissant et renforcer son système immunitaire. Reportez-vous page 49 pour en apprendre plus sur les antioxydants.

VALEUR NUTRITIONNELLE MOYENNE 292 KCAL. – PROTÉINES 8 G – GLUCIDES 21 G – FIBRES 9 G – LIPIDES 17 G (INSATURÉS 10 G)

SMOOTHIE CRÉMEUX
à la patate douce

environ 1 heure 10 minutes

> › *200 g de patate douce*
> › *300 ml de boisson végétale*

> › *1 c. à café de cannelle*
>   *de Ceylan moulu*
> › *cardamome moulue*
> › *noix muscade râpée*
> › *50 ml de crème de coco*
>   *(60 % de noix de coco)*
> › *1 pincée de sel*
> › *facultatif : 2 c. à soupe de*
>   *protéines en poudre d'origine*
>   *végétale, 1 datte dénoyautée,*
>   *selon les goûts*

GARNITURE :
> › *1 poignée de myrtilles*

Astuce

* Les mois d'été, je prépare la patate douce et la congèle en rondelles, afin de pouvoir savourer à tout moment une variante rafraîchissante de cette recette. Je ne m'en lasse pas !

1 Préchauffez le four à 180 °C. Lavez la patate douce et piquez la peau à la fourchette. Déposez-la entière sur une plaque de cuisson chemisée de papier sulfurisé et enfournez pour 30 à 60 minutes, selon la grosseur. Retirez-la du four et laissez-la refroidir quelques minutes avant de la peler, à moins de choisir comme moi de conserver la peau. Mon autre méthode de cuisson préférée fait appel à l'autocuiseur. Dans ce cas, lavez la patate douce et comptez 15 minutes de cuisson. Vous pouvez aussi la cuire à l'eau bouillante, il faut juste que la chair soit assez tendre pour être réduite en purée. Pour gagner du temps, faites précuire la patate douce et conservez-la au réfrigérateur.

2 Au robot-mixeur, mixez la patate douce, la boisson végétale, les épices, le sel et la crème de coco, jusqu'à l'obtention d'un mélange très crémeux. Ajoutez les protéines en poudre de votre choix. Pour une saveur sucrée, ajoutez une datte.

3 Agrémentez le smoothie de myrtilles et savourez !

Vous n'aimez pas la banane ? Vous adorerez cette création !
La patate douce est la star de cette recette et se substitue parfaitement à la banane. Ne vous y trompez pas, la patate douce utilisée dans les recettes de ce chapitre présente une saveur bien plus suave que ce que vous pouvez imaginer. Son sucre est lentement assimilé par l'organisme, ce qui évite les pics de glycémie.

VALEUR NUTRITIONNELLE MOYENNE 447 KCAL. – PROTÉINES 6 G – GLUCIDES 70 G – FIBRES 10 G – LIPIDES 16 G (INSATURÉS 5 G)

SMOOTHIE QUOTIDIEN
aux légumes

environ 10 minutes

> ‣ *50 g de betterave*
> *(crue ou cuite)*
> ‣ *1 poignée de pousses*
> *d'épinards*
> ‣ *½ avocat*
> ‣ *100 g de baies surgelées*
> ‣ *2 c. à café de graines*
> *de lin écrasées*
> ‣ *1 datte dénoyautée*
> *(ou plus, selon les goûts)*
> ‣ *100 ml de boisson végétale*
> ‣ *1 c. à café de cannelle*
> *de Ceylan moulue*
> ‣ *facultatif : 10 g de protéines*
> *en poudre (par exemple de pois)*

GARNITURE :
> ‣ *1 poignée de baies,*
> *¼ de pêche, pollen d'abeille*

1 Nettoyez et/ou pelez les légumes selon votre choix. Au robot-mixeur, mixez les légumes, les baies surgelées, les graines de lin écrasées, la datte et la boisson végétale, jusqu'à obtention d'un mélange crémeux. Éventuellement, ajoutez de la cannelle.

2 Ajoutez des protéines en poudre, si vous le désirez. J'utilise des protéines de pois ou de chanvre, sans additifs ou exhausteurs de goût.

3 Agrémentez le smoothie de baies, de quelques tranches de pêche et de pollen d'abeille. Laissez libre cours à votre créativité !

Ce bol de smoothie suffit à couvrir les besoins journaliers en légumes, sans en avoir le goût ! Je recommande cette recette à toutes celles et ceux qui ne consomment pas assez de légumes (il y en a encore) et qui préfèrent ne pas les voir… La betterave apporte cette couleur si particulière au smoothie. Ce tubercule est incroyable. Il fait partie de ces rares légumes capables de nous offrir vitamines, minéraux essentiels et substances phytochimiques secondaires. On dit que la betterave accroît l'endurance et les performances physiques. Avec l'épinard et l'avocat, cette recette concentre les nutriments à même de vous insuffler de l'énergie pour toute une journée. N'oubliez pas les précieuses graines de lin et leurs fibres, qui favorisent la digestion et procurent un sentiment de satiété durable.

VALEUR NUTRITIONNELLE MOYENNE 432 KCAL. – PROTÉINES 8 G – GLUCIDES 35 G – FIBRES 18 G – LIPIDES 27 G (INSATURÉS 21 G)

SMOOTHIE LACTÉ
au curcuma

environ 10 minutes

> 2 à 3 fines rondelles
> de gingembre
> 100 g de mangue surgelée
> 1 banane surgelée
> 1 c. à café d'huile (de lin
> de préférence)
> 250 ml de boisson végétale
> ½ c. à café de curcuma moulu
> ½ c. à café de cannelle
> de Ceylan moulue
> 1 pincée de cardamome moulue
> poivre

GARNITURE :
> ¼ banane, pollen d'abeille

········ *Info* ········

* Le curcuma a « besoin »
de corps gras et de poivre.
La cuillerée à café d'huile de
cette recette est indispensable
pour dissoudre le curcuma.
Ainsi, l'organisme assimilera
plus facilement cette épice.
Le poivre noir participe aussi
à accroître significativement
ce potentiel.

1 Pelez les rondelles de gingembre et coupez-les en petits dés. Si vous n'utilisez pas du gingembre bio, lavez-le bien auparavant.

2 Au robot-mixeur, mixez le gingembre, la mangue surgelée, la banane surgelée, l'huile, la boisson végétale et le curcuma moulu, jusqu'à l'obtention d'un mélange crémeux.

3 Selon moi, le rôle des épices est déterminant et la cannelle comme le poivre sont incontournables. Une pointe de carda-mome participe à la touche finale. Mixez à nouveau le tout.

4 Transférez le mélange dans un bol, puis agrémentez le smoothie de rondelles de banane et de pollen d'abeille.

Un smoothie lacté au curcuma ne suscite pas l'enthousiasme comme le fait une crème glacée au chocolat, mais pour moi, les deux se valent. Ses notes épicées et asiatiques se marient à une légère saveur sucrée. Le goût aura certainement de quoi vous surprendre, mais je ne peux que vous encourager d'essayer ! Le curcuma est souvent utilisé comme plante médicinale pour ralentir les processus de vieillissement et possède par ailleurs d'incroyables propriétés naturelles anti-inflammatoires. Il participe donc à soulager une large variété de maladies et douleurs (reportez-vous page 41 pour en apprendre un peu plus sur le curcuma).

VALEUR NUTRITIONNELLE MOYENNE 307 KCAL. – PROTÉINES 4 G – GLUCIDES 46 G – FIBRES 7 G – LIPIDES 12 G (INSATURÉS 10 G)

SMOOTHIE
aux baies hypocalorique

environ 10 minutes

› *150 g d'un assortiment
de baies surgelées*
› *100 ml de boisson à l'amande*
› *2 c. à café de pâte à tartiner
à l'amande*

GARNITURE :

› *30 g d'un assortiment de baies,
10 g d'amandes, pollen d'abeille*

Astuce

* Ajoutez un peu de
douceur à ce smoothie,
selon vos goûts. Pensez aux
dattes, mais aussi au sirop
d'agave ou de dattes, au
miel ou simplement à un
morceau de banane.

1 Au robot-mixeur, mixez les baies surgelées, la boisson à l'amande
et la pâte à tartiner à l'amande, jusqu'à l'obtention d'un mélange
crémeux.

2 Transférez le mélange dans un bol, puis agrémentez
le smoothie d'un peu de baies, de quelques amandes
et de pollen d'abeille.

Un bol de smoothie rapide à préparer, fruité et parfait pour tous
ceux qui cherchent à limiter leur apport en calories, glucides
et sucres. Les baies comptent parmi les fruits les plus légers,
avec seulement 7 g de glucides et de sucre, mais aussi à peine
40 kcal/100 g. Elles sont par ailleurs riches en antioxydants,
vitamines et fibres. La pâte à tartiner à l'amande apporte une
délicieuse texture crémeuse, sans ajout classique de banane,
avec une dose de sains acides gras et de protéines.

Substituts : remplacez la boisson à l'amande et la pâte à tartiner
à l'amande par une autre variété de fruits à coque. Montrez-vous
créatif ou utilisez ce dont vous disposez.

VALEUR NUTRITIONNELLE MOYENNE 256 KCAL. – PROTÉINES
8 G – GLUCIDES 16 G – FIBRES 10 G – LIPIDES 16 G (INSATURÉS 14 G)

SMOOTHIE PROTÉINÉ
au chocolat — délice classique

environ 10 minutes

› 50 g de rondelles de courgette
surgelées
› ½ banane
› 150 ml d'eau de coco
› 2 c. à café de graines de lin
écrasées
› 2 c. à café de cacao en poudre
maigre nature
› 2 c. à soupe de protéines
de chanvre en poudre

GARNITURE :
› ½ banane, 1 poignée de
framboises, 1 c. à café de noix
de coco râpée, 1 c. à café
de grué de cacao

Info

* L'eau de coco est la boisson
sportive naturelle par excellen-
ce. Elle possède des propriétés
isotoniques et équilibre la
perte d'électrolytes liée à la
transpiration.

1 La cuisson à la vapeur des rondelles de courgette est à la base de cette recette. Coupez une courgette en rondelles d'environ 2 cm d'épaisseur et faites-les cuire à la vapeur pendant 5 à 10 minutes ou dans un autocuiseur. Étalez les rondelles sur des feuilles de papier absorbant et laissez-les refroidir. Transférez les rondelles sur une plaque de cuisson, en veillant à ce qu'elles ne se touchent pas, puis glissez le tout au congélateur. Mettez les rondelles congelées dans un sachet congélation.

2 Au robot-mixeur, mixez les rondelles de courgette, la banane (fraîche ou surgelée), l'eau de coco, les graines de lin, le cacao en poudre et les protéines en poudre. J'utilise des protéines de chanvre. Pour la garniture, émincez l'autre moitié de banane, puis ajoutez quelques framboises, de la noix de coco râpé et du grué de cacao.

Mon bol énergétique préféré. Le matin après l'entraînement ou dans la journée, il apporte protéines et beaucoup de fibres, tout en étant hypocalorique. L'utilisation de courgette comme substitut à la banane crée une texture crémeuse, neutre en saveur et qui participe à réduire l'apport en sucre. Les protéines de chanvre, en règle générale peu transformées, offrent non seulement 45 % de protéines, mais aussi tous les acides aminés essentiels et un concentré de fibres, avec un équilibre idéal entre acides gras oméga-3 et oméga-6.

VALEUR NUTRITIONNELLE MOYENNE 324 KCAL. – PROTÉINES 15 G – GLUCIDES 30 G – FIBRES 18 G – LIPIDES 13 G (INSATURÉS 6 G)

SMOOTHIE VERT
énergétique

environ 10 minutes

› 100 g de rondelles
de courgette surgelées

› 100 g de mangue surgelée

› 1 poignée de pousses d'épinards

› 50 g d'avocat

› 1 datte dénoyautée

› 200 ml d'eau de coco

› 2 c. à café de graines de
chanvre décortiquées

› 2 c. à café d'herbe de blé
en poudre

› 2 c. à café de spiruline
en poudre

GARNITURE :

› mangue surgelée, fruit du
dragon, flocons de noix de coco

····· *Astuce* ·······

✳ Un avocat est mûr quand il est
souple. S'il est en forme de poire
allongée, il possède en règle
générale plus de chair et un noyau
plus petit que la variété ronde.

1 Au robot-mixeur, mixez les rondelles de courgette surgelées préalablement cuites à la vapeur (voir Smoothie protéiné au chocolat, page 107), la mangue surgelée, les pousses d'épinards, un gros morceau d'avocat, la datte et l'eau de coco.

2 Pour une version super-énergétique, ajoutez des graines de chanvre décortiquées, de l'herbe de blé et de la spiruline. Mixez à nouveau.

3 En guise de garniture, utilisez des morceaux de mangue surgelée, quelques billes de fruit du dragon, en prélevant la chair à l'aide d'une cuillère à café, puis saupoudrez le tout de flocons de noix de coco.

Le « vert » est généralement associé à la vitalité et à la santé, ce qui est on ne peut plus vrai avec cette recette à teneur record en ingrédients SUPER-ÉNERGISANTS ! Je suis une inconditionnelle des aliments naturels, complets et non transformés, mais j'ajoute parfois à mes préparations de l'herbe de blé ou de la spiruline en poudre, très concentrées en nutriments, comme les vitamines, les minéraux et la chlorophylle. Ces poudres détoxifiantes soutiennent le système immunitaire et stimulent la production de globules blancs et rouges. La spiruline est par ailleurs riche en protéines, avec une teneur d'environ 60 % à l'état naturel, avant filtration ou extraction de son huile.

VALEUR NUTRITIONNELLE MOYENNE 419 KCAL. – PROTÉINES 14 G – GLUCIDES 47 G – FIBRES 13 G – LIPIDES 19 G (INSATURÉS 13 G)

SMOOTHIE
saveur tarte aux pommes

environ 10 minutes

› *1 pomme*
› *50 g d'alternative végétale au yaourt*
› *100 ml de boisson végétale*
› *2 c. à café de pâte à tartiner au fruit à coque*
› *2 c. à café de graines de lin écrasées ou 2 c. à café de cosses de psyllium*
› *1 c. à café de cannelle moulue*
› *noix muscade râpée*
› *½ c. à café de gingembre moulu*
› *1 pincée de sel*

GARNITURE :
› *20 g de rawnola fruité*

VALEUR NUTRITION-
NELLE MOYENNE
370 KCAL. – PROTÉINES 9 G
– GLUCIDES 38 G – FIBRES 12 G –
LIPIDES 19 G
(INSATURÉS 15 G)

1 Lavez et épépinez la pomme, puis coupez-la en morceaux. Je réserve toujours quelques tranches pour la garniture.

2 Au robot-mixeur, mixez la pomme avec l'alternative végétale au yaourt (à base de noix de cajou ou de noix de coco), la boisson végétale et 1 c. à café de pâte à tartiner au fruit à coque de votre choix, jusqu'à l'obtention d'un mélange crémeux.

3 Pour obtenir une texture plus épaisse, j'ajoute des graines de lin écrasées ou des cosses de psyllium. Ces dernières passent inaperçues. Le lin, lui, ajoute une note de noisettes, mais ces graines sont si petites que vous ne les sentirez à peine en bouche.

4 Pour une vraie saveur de « tarte aux pommes », pensez à la cannelle et à un peu de noix muscade, de gingembre et de sel.

5 Agrémentez d'un Rawnola fruité (voir page 207), de tranches de pomme et de 1 c. à café de pâte à tartiner au fruit à coque.

Qui n'aime pas la tarte aux pommes ? Parce que l'on ne peut pas consommer de gâteaux tous les jours au petit déjeuner, j'ai eu l'idée d'introduire toutes les saveurs de cette gourmandise dans un bol de smoothie. La base de cette recette n'a rien d'ordinaire, pas de banane, pas de fruits surgelés, mais de la pomme fraîche, un peu d'alternative végétale au yaourt, le tout associé aux propriétés uniques de gonflement des graines et de certaines épices.
Le dosage de la noix muscade, du gingembre et du sel exige un parfait équilibre, mais le mariage de ces saveurs est divin ! Essayez !

SMOOTHIE CHOCOLAT
et potimarron

environ 45 minutes

› *100 g de potimarron*
› *1 banane surgelée*
› *1 c. à café de pâte à tartiner*
au fruit à coque
› *200 ml de boisson végétale*
› *1 c. à café de cannelle*
de Ceylan moulue
› *½ c. à café de gingembre moulu*
› *noix muscade râpée*
› *2 c. à café de cacao en poudre*
maigre nature

GARNITURE :

› *10 g de chocolat noir vegan,*
1 c. à café de flocons de noix de
coco, 1 c. à café de sirop de dattes

····· *Astuce* ·····

* Le cacao en poudre doit
être nature et sans additif.
L'ingrédient n'a rien à voir
avec les mélanges industriels
à base de cacao et de sucre.

1 Coupez le potimarron en morceaux, retirez les graines et cuisez-le pendant 15 minutes à l'autocuiseur. Pelez-le avant ou après cuisson. Mixez-le au robot-mixeur, jusqu'à l'obtention d'une purée. Laissez refroidir.

2 Au robot-mixeur, mixez la purée de potimarron et la banane surgelée, la pâte à tartiner au fruit à coque (par exemple à l'amande) et la boisson végétale de votre choix. Pour le petit truc en plus, j'ajoute de la cannelle, du gingembre et un peu de noix muscade. Réservez la moitié de cette préparation et incorporez le cacao en poudre à l'autre moitié, en mixant brièvement.

3 Pour que votre smoothie ressemble à celui de la photographie, prenez un bol et versez simultanément les deux préparations, au niveau des bords opposés. Hachez le chocolat noir et parsemez le smoothie de copeaux, puis ajoutez des flocons de noix de coco et un peu de sirop de dattes.

La tarte au potimarron et au chocolat… Je suis littéralement tombée amoureuse de ce dessert, aux États-Unis. Inspirée par le potimarron, à la base de soupe et de préparations salées, j'ai voulu introduire ce légume dans une recette de smoothie sucré. Le potimarron est non seulement un délicieux accompagnement de viandes, mais la diversité des variétés et des couleurs de cette courge permet aussi d'illuminer les créations pour petit déjeuner.

VALEUR NUTRITIONNELLE MOYENNE 428 KCAL. – PROTÉINES 10 G – GLUCIDES 47 G – FIBRES 7 G – LIPIDES 20 G (INSATURÉS 12 G)

SMOOTHIE BROWNIE
au caramel salé et au rawnola

environ 10 minutes

> *1 datte dénoyautée*
> *1 banane surgelée*
> *150 ml de boisson végétale*
> *2 c. à café de pâte à tartiner au fruit à coque*
> *2 c. à café de cacao en poudre maigre nature*
> *1 pincée de vanille en poudre*
> *1 c. à café de cannelle de Ceylan moulue*
> *1 pincée de sel*

GARNITURE :

> *20 g de rawnola, ½ banane, 1 c. à café de pâte à tartiner au fruit à coque, 1 c. à café de grué de cacao*

Info

* Les dattes sont un de mes édulcorants préférés, riches en minéraux essentiels. De plus, elles apaisent le stress !

1 Au robot-mixeur, mixez la datte, la banane surgelée, la boisson végétale, la pâte à tartiner au fruit à coque (noisette de préférence) et le cacao en poudre, jusqu'à l'obtention d'un mélange crémeux.

2 Les épices jouent un rôle déterminant dans cette recette, car elles seules mettent en valeur la saveur caramel de cette préparation, une fois associées aux dattes et à la pâte à tartiner au fruit à coque. Utilisez de préférence une pâte à tartiner aux noisettes, même si tout autre choix est possible. Une pointe de vanille, une pincée de sel et 1 c. à café de cannelle constituent le mélange parfait. Ajoutez-les à la préparation et mixez à nouveau brièvement.

3 Transférez la préparation dans un bol, puis agrémentez d'un Rawnola premium (voir recette page 204), de rondelles de bananes, de pâte à tartiner au fruit à coque et de grué de cacao.

Parlons-nous ici de dessert ou de préparation du petit déjeuner ? À ce jour, j'hésite encore. Je suis toujours étonnée de la simplicité et de la facilité avec laquelle on parvient à créer cette saveur caramel si particulière. Certes, on ne parle pas ici d'un petit déjeuner « léger », mais du parfait bol de smoothie pour amateur de gourmandise sucrée !

VALEUR NUTRITIONNELLE MOYENNE 532 KCAL. – PROTÉINES 11 G – GLUCIDES 58 G – FIBRES 11 G – LIPIDES 26 G (INSATURÉS 21 G)

Bowls du déjeuner et du dîner

4

J'ai consacré l'essentiel de mes recettes aux principaux repas de la journée.
Vers midi ou le soir, ces bowls équilibrés, aux sains glucides, protéines et lipides,
suffisent à apporter un sentiment de satiété. N'attendez plus pour les tester !
Les légumes, stars de ce chapitre, sont sollicités pour leurs couleurs, leurs variétés
et leurs incroyables bienfaits. Les recettes proposées ne laissent pas place à la monotonie,
avec des légumes préparés de multiples façons, aux côtés de nombreuses préparations
de bowls vegan.

BOWL BIEN-ÊTRE
classique : haché de bœuf sauté

environ 30 minutes

> 50 g de riz non cuit
(par exemple longs grains
ou brun)
> 100 g de bœuf haché maigre
> 3 c. à café d'huile de noix
de coco ou d'avocat
> piment en poudre
> 100 g de courgette
> 100 g de maïs en boîte
> 1 poignée de basilic frais
> sel et poivre

Info

* Le riz peut être contaminé par un élément toxique,
l'arsenic, source de sérieux
problèmes de santé. Pour limiter
ses effets, rincez abondamment
le riz et faites-le cuire dans une
grande quantité d'eau, avant de
l'égoutter dans une passoire,
comme les pâtes.

1 Rincez le riz et faites-le cuire dans une grande quantité d'eau salée. Égouttez-le dans une passoire.

2 Faites revenir le bœuf haché dans un peu d'huile et assaisonnez de sel, poivre et piment en poudre. J'utilise de l'huile d'avocat ou de noix de coco qui supportent mieux la cuisson.

3 Parez et coupez la courgette en petits dés. Rincez le maïs. Dès que la viande est cuite, réservez-la et faites revenir les légumes dans la même poêle, le temps de les dorer. Si les légumes ont tendance à brunir et sécher, ajoutez un peu d'eau dans la poêle.

4 Lavez et séchez le basilic, avant de le hacher et de l'ajouter à la préparation de viande et de légumes. Faites revenir le tout 5 minutes de plus et ajoutez un peu plus d'épices si souhaité.

Cette recette est liée à des moments heureux de ma vie. J'avais 17 ans et commençais tout juste à aimer le sport. Le bœuf sauté était une préparation régulièrement inscrite à mes menus. Au déjeuner, au dîner ou à l'extérieur… Je cherchais à développer ma masse musculaire. Aujourd'hui, je ne consomme plus aussi souvent de la viande, mais j'adore toujours ce plat.
Vous préférez une version hypocalorique ? Utilisez un « riz de konjac ». Par facile à dénicher, mais il mérite un petit effort !

VALEUR NUTRITIONNELLE MOYENNE 500 KCAL. - PROTÉINES 29 G - GLUCIDES 56 G - FIBRES 4 G - LIPIDES 19 G (INSATURÉS 11 G)

ROQUETTE
au filet de bœuf et aux radis sautés

....

1 Parez les radis et coupez-les en quatre. Parez les tomates et coupez-les
en deux. Lavez et séchez le basilic, puis hachez-le grossièrement.

2 Lavez et essorez la roquette dans une passoire.

3 À l'aide d'un couteau tranchant, émincez le filet de bœuf en longues et fines
lanières, perpendiculairement aux fibres, pour une viande tendre à souhait.
Parsemez la viande de grains de poivre entier.

4 Pour l'assaisonnement, mélangez tous les ingrédients de la liste. Salez
et poivrez selon vos goûts. Réservez.

environ 30 minutes

POUR LA SALADE :

› *50 g de radis*

› *100 g de petites tomates*

› *1 poignée de basilic frais*

› *50 g de roquette*

› *100 g de filet de bœuf*

› *grains de poivre entiers*

› *1 c. à soupe de pignons*

› *2 à 3 c. à café d'huile d'avocat*

› *sel et poivre*

ASSAISONNEMENT :

› *50 g d'alternative végétale au yaourt (par exemple à la noix de cajou)*

› *30 ml de boisson végétale*

› *3 c. à café de vinaigre de cidre ou de vinaigre ordinaire*

› *1 petite poignée d'herbes aromatiques fraîches (basilic, ciboulette, persil...)*

› *1 c. à café de miel*

› *sel*

······ *Astuce* ······

✳ *Un assaisonnement pour salade n'exige pas forcément d'huile ! Celui à base d'alternative végétale au yaourt, sans huile et hypocalorique offre d'incroyables saveurs.*

5 Dans une poêle à frire, toastez les pignons à sec sur feu doux, pendant environ 2 minutes, sans cesser d'agiter la poêle, afin d'éviter de faire brûler les pignons. Réservez.

6 Faites revenir les radis, les tomates et le basilic dans un peu d'huile d'avocat. Les radis doivent devenir translucides et les tomates ramollir. Salez et poivrez.

7 Mettez à chauffer un peu d'huile d'avocat dans une poêle à frire. Dans l'huile chaude, saisissez les lanières de bœuf quelques minutes de chaque côté. La durée de cuisson de la viande dépend de vous, saignante, à point, bien cuite... à vous de choisir !

8 Dans un bol, mélangez la salade et l'assaisonnement, puis transférez les légumes. Ajoutez la viande et agrémentez de pignons toastés.

Quand je mange dehors et que j'ai du mal à trouver un plat qui me convient, je finis toujours par commander une salade au bœuf sauté, à la carte de nombreux restaurants, avec l'assaisonnement à part et de préférence un vinaigre nature et de l'huile d'olive. Les assaisonnements cachent souvent sucre de canne, acides gras saturés, huile bas de gamme et arômes artificiels... qui transforment votre salade saine en une bombe hypercalorique et sucrée. Chez vous, préparez un délicieux assaisonnement et plein de saveurs, à partir de quelques ingrédients seulement. Oubliez les assaisonnements prêts à l'emploi, du moins à la maison !

VALEUR NUTRITIONNELLE MOYENNE 370 KCAL. – PROTÉINES 28 G – GLUCIDES 13 G – FIBRES 4 G – LIPIDES 22 G (INSATURÉS 13 G)

BOWL BIEN-ÊTRE
classique : riz de brocoli et poulet

environ 30 minutes

> ‣ *100 g de brocoli*
> ‣ *3 à 4 c. à café d'huile d'avocat*
> ‣ *origan, frais ou déshydraté*
> ‣ *thym, frais ou déshydraté*
> ‣ *100 g de blanc de poulet*
> ‣ *100 g de tomate*
> ‣ *1 poignée de basilic frais*
> ‣ *1 poignée de pousses d'épinards*
> ‣ *50 g d'avocat*
> ‣ *sel et poivre*

**VALEUR NUTRITION-
NELLE MOYENNE**
388 KCAL. – PROTÉINES
32 G – GLUCIDES 13 G –
FIBRES 8 G – LIPIDES 23 G
(INSATURÉS 17 G)

Info

* Le brocoli contient un puissant antioxydant, le sulforaphane, une puissante arme naturelle contre les cellules cancéreuses. Il est sensible à la chaleur, mieux vaut donc limiter le degré et la durée de cuisson du riz de brocoli.

1 Lavez le brocoli, détachez les fleurettes et utilisez un robot-mixeur pour obtenir un « riz » de brocoli. Dans une poêle à frire, faites revenir le riz de brocoli sur feu doux dans un peu d'huile d'avocat, assaisonné d'origan, de thym, de sel et de poivre. Ajoutez un peu d'eau et laissez cuire pendant 10 minutes. Le brocoli doit être tendre et l'eau doit s'être évaporée. Couvrez la poêle.

2 Émincez le blanc de poulet en fines tranches et faites-les revenir dans une poêle chaude, avec un peu d'huile d'avocat et de poivre.

3 Parez et coupez la tomate en petits morceaux. Lavez et séchez le basilic, avant de le hacher. Mettez à chauffer doucement les ingrédients dans une casserole, avec 1 c. à café d'huile d'avocat, le poivre et l'origan. Une méthode express pour préparer une sauce tomate en 3 à 4 minutes !

4 Lavez et séchez les pousses d'épinards à l'essoreuse à salade, avant de les transférer dans un bol. Émincez l'avocat et ajoutez-les dans le bol, avec le riz de brocoli, le poulet et la sauce tomate.

Hypocalorique, riche en protéines et en sains acides gras…
Un classique du régime bien-être. Le riz de brocoli offre la texture du riz, calories et glucides en moins. Pour certains, y compris pour moi, le brocoli est difficile à digérer. C'est pourquoi je le préfère préparé en riz. Une cuisson vapeur permet d'éviter les ballonnements.

POULET EN SALADE

au curry, noix de cajou, riz et pousses d'épinards

....

1 Préchauffez le four à 165 °C. Étalez uniformément les noix de cajou sur une plaque de cuisson chemisée de papier sulfurisé et faites-les dorer pendant 15 minutes. Inutile d'utiliser du papier aluminium.

2 Le blanc de poulet est poché et non frit. Il sera plus facile à effilocher. Faites-le cuire pendant 20 minutes à l'autocuiseur ou à la casserole. Couvrez le blanc de poulet d'eau, salez, poivrez et portez à ébullition. Laissez mijoter pendant 20 à 25 minutes sur feu doux. Retirez du feu et laissez le poulet refroidir avant de l'effilocher.

environ 30 minutes

POUR LA SALADE :

- › *30 g de noix de cajou*
- › *100 g de blanc de poulet*
- › *30 g de riz non cuit*
- › *1 poignée de pousses d'épinards*
- › *oignons nouveaux, selon les goûts*
- › *1 poignée de basilic frais*
- › *sel et poivre*

POUR LA SAUCE :

- › *50 g d'alternative végétale au yaourt (par exemple aux noix de cajou)*
- › *1 à 2 c. à soupe de jus de citron*
- › *1 à 2 c. à café de miel*
- › *1 c. à café de curry en poudre*
- › *½ c. à café de curcuma en poudre*
- › *sel et poivre*

····· *Astuce* ·····

✳ *Ce Poulet en salade se conserve jusqu'à 1 à 2 jours au réfrigérateur. Cela participe à intensifier son goût, alors que les saveurs commencent à se mêler.*

3 Rincez abondamment le riz et faites-le cuire dans une grande quantité d'eau salée, selon les instructions mentionnées sur le paquet. Lavez, parez et séchez les pousses d'épinards à l'essoreuse à salade.

4 Pour la sauce, fouettez dans un saladier l'alternative au yaourt aux noix de cajou, le jus de citron, le miel, le curry en poudre et le curcuma. Salez et poivrez.

5 Parez et émincez finement les oignons nouveaux. Lavez et séchez le basilic, avant de le hacher finement. Réservez quelques noix de cajou entières pour la garniture et broyez le reste.

6 Effilochez le blanc de poulet froid, à l'aide d'une fourchette ou de vos doigts. Dans un saladier, mélangez le poulet, les oignons nouveaux, le basilic, les noix de cajou et la sauce.

7 Commencez par transférer les pousses d'épinards dans un bol. Ajoutez le poulet en salade, puis le riz. Agrémentez de noix de cajou.

Cette recette a surpris ma famille, sachant que je ne suis pas très fan du poulet en salade et que la mayonnaise, comme l'assaisonnement, ont tendance à me rester sur l'estomac. J'ai donc utilisé une sauce à base d'alternative au yaourt aux noix de cajou pour transformer ce grand classique en une préparation légère et diététique appréciée de tous.

VALEUR NUTRITIONNELLE MOYENNE 454 KCAL. - PROTÉINES 34 G - GLUCIDES 43 G - FIBRES 4 G - LIPIDES 17 G (INSATURÉS 13 G)

POULET EN SALADE
et avocat aux tomates séchées et au quinoa

environ 30 minutes

POUR LA SALADE :

› *50 g de blanc de poulet*
› *30 g de quinoa non cuit*
› *1 poignée de mesclun*
› *50 g d'avocat*
› *20 g de tomates séchées*
› *50 g de radis*
› *1 trait de jus de citron vert*
› *piment en poudre*
› *1 poignée de basilic*
› *sel et poivre*

ASSAISONNEMENT :

› *1 petite c. à soupe d'huile d'olive*
› *1 c. à soupe de jus de citron vert*
› *1 à 2 c. à café de miel*
› *sel et poivre*

1 Faites cuire le blanc de poulet entier pendant 20 minutes à l'auto-cuiseur ou plongez-le dans l'eau et laissez-le mijoter 20 minutes à la casserole. Entaillez la viande pour vérifier la cuisson, puis laissez-la refroidir.

2 Dans une passoire, rincez abondamment le quinoa sous l'eau froide. Transférez-le dans une casserole remplie d'eau et portez à ébullition. Réduisez le feu et laissez mijoter pendant 15 minutes.

3 Lavez, parez et séchez le mesclun à l'essoreuse à salade. Coupez l'avocat en dés et les tomates séchées en petits morceaux. Parez et coupez les radis en morceaux. Dans un saladier, mélangez l'avocat, les tomates et les radis avec le jus de citron vert, puis écrasez le tout à la fourchette, jusqu'à l'obtention d'une texture finement hachée. Assaisonnez de sel, de poivre et de piment en poudre

4 Effilochez le blanc de poulet froid, à l'aide d'une fourchette ou de vos doigts. Lavez et séchez le basilic, puis hachez-le grossièrement. Incorporez le poulet et le basilic au mélange à l'avocat. Pour l'assaisonnement, mélangez tous les ingrédients de la liste et nappez-en la salade.

5 Transférez le mesclun dans un bol. Égouttez le quinoa dans une passoire, puis ajoutez-le dans le bol avec le poulet en salade.

VALEUR NUTRITIONNELLE MOYENNE 378 KCAL. – PROTÉINES 20 G – GLUCIDES 30 G – FIBRES 8 G – LIPIDES 19 G (INSATURÉS 15 G)

BOWL COMPLET

1 Préchauffez le four à 180 °C. Placez le blanc de poulet dans une casserole, salez et poivrez, puis couvrez-le d'eau. Portez à ébullition, puis réduisez le feu et laissez mijoter pendant 20 minutes, avant d'entailler la viande pour vérifier la cuisson. Retirez du feu et laissez refroidir. Éventuellement, faites cuire le blanc de poulet à l'autocuiseur.

2 À l'aide d'une fourchette, piquez la peau de la patate douce, puis déposez-la entière sur une plaque de cuisson chemisée de papier sulfurisé. Enfournez dans le four préchauffé, pendant 30 à 60 minutes selon la grosseur de la patate douce. Vérifiez la cuisson en la piquant de la pointe d'un couteau, la chair doit être uniformément tendre.

environ 45 minutes

POUR LE BOL :

> *100 g de blanc de poulet*
> *200 g de patate douce*
> *1 œuf*
> *50 g de petites tomates*
> *100 g de courgette*
> *sel et poivre*

POUR LA SAUCE PAPRIKA/TAHINI :

> *2 c. à soupe de tahini*
> *1 c. à soupe de jus de citron*
> *2 c. à soupe de boisson végétale*
> *1 c. à café de miel*
> *1 c. à café de paprika doux en poudre*
> *sel et poivre*

Astuce

* Le four micro-ondes ? Pas pour moi ! Certaines études ont mis en évidence des effets cancérigènes et une baisse de la valeur nutritionnelle des aliments. Mais les avis divergent sur la question.

3 Plongez l'œuf entier dans une casserole d'eau bouillante et laissez-le durcir pendant 12 minutes. Écalez l'œuf juste avant de servir. Lavez les tomates.

4 Lavez et parez la courgette avant de la détailler en spaghettis au spiraliseur. Cet accessoire est disponible en droguerie et dans les rayons spécialisés de grandes surfaces.

5 Pour la sauce paprika/tahini, mélangez tous les ingrédients de la liste dans un saladier, puis salez et poivrez. Je préfère attendre avant de verser l'assaisonnement sur la préparation.

6 Laissez refroidir tous les ingrédients, puis placez-les au réfrigérateur dans un récipient hermétique. Avant de servir, réchauffez le poulet, la patate douce et les spaghettis de courgette à la casserole ou dans le four. Écalez l'œuf dur et coupez-le en quatre.

Planification et préparation… C'est le seul moyen de gagner du temps au quotidien. Pour les gens pressés, impatients ou soudainement affamés (cela arrive sans crier gare et vous incite généralement à vous jeter sur des plats cuisinés peu diététiques), je recommande fermement de conserver au réfrigérateur des aliments de base déjà préparés. C'est pratique et cela permet à tous les adeptes de fitness de disposer d'un bowl complet en un rien de temps.

VALEUR NUTRITIONNELLE MOYENNE 576 KCAL. – PROTÉINES 40 G – GLUCIDES 60 G – FIBRES 11 G – LIPIDES 19 G (INSATURÉS 15 G)

BOULETTES DE DINDE

et courgette au riz sauvage et à la sauce curry

environ 45 minutes

1   Préchauffez le four à 190 °C et chemisez une plaque de cuisson de papier sulfurisé.

2   Pelez l'oignon et coupez-le en petits dés. Faites-le revenir dans une poêle
à frire avec un peu d'huile d'avocat, le temps qu'il devienne translucide. Parez la
courgette, puis râpez-la à la râpe manuelle ou au robot de cuisine. Émincez finement
le blanc de dinde ou mixez-le au robot de cuisine. Lavez, séchez et hachez les herbes
aromatiques.

> *20 g d'oignon*
> *huile d'avocat*
> *200 g de courgette*
> *150 g de blanc de dinde*
> *2 poignées d'herbes
aromatiques fraîches (ou 3 c. à
café d'herbes déshydratées)*
> *1 œuf*
> *30 g de farine d'amande
ou de noix de coco*
> *1 trait de jus de citron*
> *paprika doux*
> *30 g de riz non cuit
(un assortiment de riz, riz
sauvage ou riz basmati)*
> *50 g de maïs en boîte*
> *2 c. à café d'huile d'avocat*
> *1 poignée de pousses d'épinards*
> *sel et poivre*

POUR LA SAUCE CURRY :

> *50 ml de crème de coco
(environ 60 % de noix de coco)*
> *1 trait de jus de citron*
> *1 c. à café de sirop de dattes
ou de miel*
> *½ c. à café de curry en poudre*
> *1 pointe de cumin moulu*
> *sel et poivre*

3 Séparez le blanc du jaune d'œuf. Montez le blanc en neige ferme avec une pincée de sel. Un œuf suffit pour préparer environ 18 boulettes (soit plus d'une portion). Parce que je n'aime pas gaspiller la nourriture, je prépare généralement cette quantité de boulettes et les conserve dans un récipient hermétique au réfrigérateur – ou j'invite ma famille !

4 Dans un saladier, mélangez la courgette, l'oignon, la farine, le jus de citron et les herbes aromatiques. La préparation mérite de généreuses doses de poivre, paprika moulu et sel.

5 Ajoutez la dinde et le jaune d'œuf à la préparation. Terminez en incorporant le blanc monté en neige. À l'aide d'une cuillère ou les mains humidifiées, formez des boulettes et déposez-les sur la plaque de cuisson chemisée. Enfournez pour 25 à 30 minutes dans le four préchauffé.

6 Rincez le riz et faites-le cuire dans une grande quantité d'eau salée selon les instructions mentionnées sur le paquet. Égouttez le riz dans une passoire.

7 Rincez le maïs sous l'eau froide, puis faites-le revenir quelques minutes à la poêle à frire dans un peu d'huile d'avocat.

8 Pour la sauce au curry, mélangez tous les ingrédients de la liste. Salez et poivrez.

9 Parez, lavez et séchez les pousses d'épinards à l'essoreuse à salade. Transférez-les dans un bol, puis ajoutez le riz, les boulettes et le maïs. La sauce se marie parfaitement aux pousses d'épinards ou peut être utilisée comme sauce dip pour les boulettes de dinde.

VALEUR NUTRITIONNELLE MOYENNE 464 KCAL. – PROTÉINES 26 G – GLUCIDES 42 G – FIBRES 7 G – LIPIDES 22 G (INSATURÉS 9 G)

BOWL DE POULET TERIYAKI
— recette de mon frère

environ 30 minutes

- *70 g de riz basmati non cuit*
- *130 g de blanc de poulet*
- *75 ml de sauce teriyaki*
- *2 c. à café d'huile de sésame*
- *50 g d'avocat*
- *20 g de salade d'algues (wakamé)*
- *15 g de gingembre mariné au vinaigre*
- *sel*

GARNITURE :

- *10 g de mayonnaise, 1 c. à café de graines de sésame noir toastées, oignon nouveau*

SAUCE TERIYAKI :

- *40 ml de sauce soja claire*
- *40 ml de saké*
- *40 ml de mirin*

Astuce

* Accompagnez ce bol d'une salade vietnamienne.

1 Rincez le riz avant de le cuire dans une grande quantité d'eau bouillante salée. Égouttez-le dans une passoire.

2 Pour la sauce teriyaki, portez tous les ingrédients à ébullition dans une casserole. Réduisez le feu et laissez mijoter pendant 4 minutes, le temps que la sauce réduise. Éventuellement, utilisez une sauce teriyaki prête à l'emploi, mais je ne veux rien savoir !

3 Coupez le blanc de poulet en lanières et faites-le mariner pendant 15 minutes dans la sauce teriyaki. Retirez la viande et saisissez-la à la poêle dans un peu d'huile de sésame. Transférez le reste de sauce teriyaki dans la poêle et poursuivez la cuisson, le temps de caraméliser la sauce.

4 Émincez l'avocat. Transférez le riz dans un bol, ajoutez les lanières de poulet et la sauce, l'avocat, la salade d'algues et le gingembre mariné. Agrémentez de mayonnaise, de graines de sésame et d'oignon nouveau haché.

Mon frère Dennis : « À la différence de l'essentiel des préparations de Pam, j'utilise des ingrédients prêts à l'emploi, comme la mayonnaise. J'espère que vous n'y voyez pas d'inconvénient ! J'ai décidé de vous proposer ma recette de bol repas préférée, elle me procure toujours un grand sentiment de satisfaction – la sauce et la mayonnaise y sont pour beaucoup ! ».

VALEUR NUTRITIONNELLE MOYENNE 750 KCAL. – PROTÉINES 44 G – GLUCIDES 70 G – FIBRES 4 G – LIPIDES 30 G (INSATURÉS 22 G)

SALADE DOUCEUR

à la patate douce rôtie parfum cannelle et à la feta

environ 25 minutes

POUR LA SALADE :

- › 50 g de patate douce
- › 1 c. à café d'huile de noix de coco
- › 1 c. à café de *cannelle de Ceylan moulue*
- › 1 petite poire
- › 1 datte dénoyautée
- › 30 g de feta
- › 20 g de noix de pécan
- › 50 g de mesclun

ASSAISONNEMENT :

- › 1 c. à soupe de jus de citron
- › 1 c. à soupe de sirop de datte
- › 30 ml de boisson végétale
- › ½ c. à café de cannelle de Ceylan moulue
- › un peu de cardamome moulue
- › poivre

--------- *Info* ---------

* La cannelle diffère selon ses origines. Comparée à la cannelle de Ceylan, la cannelle de Chine ou cannelle Casse contient plus de coumarine qui, consommée à forte dose, se révèle toxique pour le foie.

1 Préchauffez le four à 180 °C. Pelez et coupez en dés la patate douce. Transférez les dés de patate douce dans un saladier, ajoutez un peu d'huile de noix de coco, saupoudrez de cannelle et mélangez pour bien enrober le tout. Répartissez les dés de patate douce sur une plaque de cuisson chemisée de papier sulfurisé et enfournez pour 20 minutes.

2 Parez et émincez la poire, hachez finement la datte, émiettez la feta et broyez grossièrement les noix de pécan.

3 Lavez et séchez le mesclun. Pour l'assaisonnement à la cannelle/datte, mélangez tous les ingrédients de la liste. Goûtez et rectifiez l'assaisonnement si nécessaire.

4 Dans un grand bol, mélangez le mesclun et l'assaisonnement, puis ajoutez la patate douce, la poire, la feta et les noix de pécan.

Une salade n'est pas forcément triste ! Sucrée, salée, croquante et crémeuse… cette recette associe toutes les saveurs et les textures : celles de la patate douce sucrée, de la poire juteuse, des dattes suaves, de la feta aux notes salées et de croquantes noix de pécan enveloppées d'une touche de cannelle. Rien ne manque !

VALEUR NUTRITIONNELLE MOYENNE 475 KCAL. – PROTÉINES 9 G – GLUCIDES 50 G – FIBRES 10 G – LIPIDES 27 G (INSATURÉS 16 G)

QUICHE AUX LÉGUMES
– ma préférée

environ 50 minutes

- › *100 g de potimarron*
- › *30 g de quinoa non cuit*
- › *50 g de carotte*
- › *50 g de courgette*
- › *50 g de champignons*
- › *1 poignée de pousses d'épinards*
- › *1 poignée d'herbes aromatiques fraîches (persil, basilic, thym…)*
- › *1 œuf*
- › *50 g de petits pois*
- › *noix muscade râpée*
- › *1 c. à café d'huile d'avocat*
- › *sel et poivre*

GARNITURE AU CHOIX :
- › *graines de tournesol, rondelles de légumes*

Astuce

* Vous pouvez expérimenter cette recette avec d'autres légumes : ne vous en privez pas !

1 Préchauffez le four à 180 °C. Pelez le potimarron, retirez les graines et coupez-le en morceaux. Faites-le cuire dans une casserole d'eau salée, le temps d'attendrir la chair ou à la vapeur dans un autocuiseur, pendant environ 10 minutes.

2 Dans une passoire, rincez le quinoa sous l'eau froide et faites-le cuire pendant 12 à 15 minutes avec un peu de sel dans 2,5 fois son volume d'eau. Entre-temps, lavez, parez et pelez carotte, courgette et champignons. Hachez finement le tout. Lavez, parez et séchez à l'essoreuse à salade les pousses d'épinards, avant de les effilocher. Lavez, séchez et hachez les herbes aromatiques fraîches.

3 Séparez le blanc du jaune d'œuf et montez le blanc en neige ferme avec une pincée de sel. Égouttez les morceaux de potimarron et réduisez-les en purée. Dans un saladier, mélangez la purée de potimarron, le quinoa, la carotte, la courgette, les pousses d'épinards, les herbes aromatiques, les champignons et les petits pois. Assaisonnez de sel, poivre et épices, puis ajoutez le jaune d'œuf. Terminez en incorporant le blanc en neige.

4 Graissez un plat à gratin d'huile d'avocat avant d'y transférer la préparation. Ajoutez la garniture et enfournez pour 25 à 30 minutes. À déguster à même le plat !

Une de mes recettes préférées créée à la toute dernière minute. Elle apporte, j'en suis sûre, ce je-ne-sais-quoi de plus à mon livre !

VALEUR NUTRITIONNELLE MOYENNE 372 KCAL. – PROTÉINES 21 G – GLUCIDES 45 G – FIBRES 9 G – LIPIDES 11 G (INSATURÉS 7 G)

« Pour un vegan, comment bénéficier d'un apport suffisant en protéines ? Seuls des substituts comme le tofu, le tempeh ou les protéines en poudre peuvent résoudre le problème. » C'est absurde ! Voici une recette de bowl aux ingrédients 100 % naturels, affichant une teneur en protéines de plus de 20 g. Soit environ l'équivalent d'une boisson protéinée. Les acides aminés des aliments sont des protéines « complètes » ou s'associent pour offrir des protéines « complètes », comme celles qu'apporterait un morceau de viande. Pour plus d'informations sur les sources de protéines complètes d'origine végétale, reportez-vous page 50.

BOUDDHA BOWL
vegan protéiné

environ 25 minutes

POUR LE BOL :

> 50 g de quinoa non cuit
> 50 g de haricots verts extrafins
> 2 à 3 c. à café d'huile d'avocat
> 50 g de champignons
> 30 g de pois chiches en boîte
> 1 c. à café de graines de sésame
> 30 g de pousses d'épinards
> sel et poivre

POUR L'HOUMOUS ROSE :

> 30 g de pois chiches en boîte
> 10 g de betterave
> 1 c. à café de tahini
> 1 c. à café d'huile d'olive
> ou 1 c. à café de boisson végétale
> 1 trait de jus de citron
> cumin moulu
> sel et poivre

GARNITURE :

> 10 g de graines de citrouille, 10 g
> de graines de chanvre décortiquées

1 Dans une passoire, rincez le quinoa sous l'eau froide avant de le cuire pendant 12 à 15 minutes avec une pincée de sel dans 2,5 fois son volume d'eau.

2 Lavez les haricots verts, équeutez-les et coupez-les en deux. Mettez-les à chauffer doucement dans une poêle à frire, avec un peu d'huile d'avocat, du sel et du poivre. Déglacez avec un verre d'eau, puis couvrez et laissez-les cuire à l'étouffée.

3 Entre-temps, parez les champignons, émincez-les et incorporez-les aux haricots verts. Laissez cuire à l'étouffée pendant 3 minutes.

4 Dans une passoire, rincez abondamment les pois chiches sous l'eau froide. Égouttez-les et mettez-les à dorer dans un peu d'huile d'avocat avec les graines de sésame.

5 Pour l'houmous rose, réduisez en purée tous les ingrédients de la liste, jusqu'à obtenir un mélange crémeux. Parez, lavez et séchez les pousses d'épinards à l'essoreuse à salade. Mettez-les dans un bol.

6 Égouttez le quinoa dans une passoire. Transférez les légumes, les pois chiches et le quinoa dans le bol. Agrémentez de graines de citrouille et de chanvre. Terminez par l'houmous rose.

VALEUR NUTRITIONNELLE MOYENNE 564 KCAL. – PROTÉINES 25 G – GLUCIDES 45 G – FIBRES 11 G – LIPIDES 30 G (INSATURÉS 28 G)

RISOTTO CRÉMEUX

....

Toutes sortes de légumes peuvent entrer dans la préparation d'un risotto.
Il vous manque un ingrédient ? Remplacez-le par un autre légume ou oubliez-le.

1 Pelez et retirez les graines du potimarron. Coupez-le en morceaux. Faites-le revenir quelques minutes dans un faitout avec un peu d'huile d'avocat, de sel et de poivre. Puis, ajoutez un peu d'eau et poursuivez la cuisson.

2 Entre-temps, parez et coupez en morceaux les légumes exigeant un temps de cuisson assez long – par exemple le brocoli, le chou-fleur ou la carotte. Transférez-les dans le faitout et vérifiez si l'ajout d'un peu d'eau est nécessaire.

3 Parez et émincez les champignons. Lavez le persil, séchez-le et hachez-le. Transférez le tout dans le faitout et poursuivez la cuisson. Salez et poivrez.

environ 45 minutes

› *100 g de potimarron*
› *2 c. à café d'huile d'avocat ou de noix de coco*
› *50 g de brocoli, chou-fleur ou carotte*
› *50 g de champignons*
› *1 poignée de persil frais*
› *50 g de riz brun non cuit*
› *50 g de petits pois (surgelés)*
› *sel et poivre*

GARNITURE :

› *20 g de cacahuètes*

VALEUR NUTRITION-
NELLE MOYENNE
516 KCAL. – PROTÉINES
17 G – GLUCIDES 65 G –
FIBRES 9 G – LIPIDES 21 G
(INSATURÉS 16 G)

···· *Astuce* ····

* Une recette idéale pour exploiter toutes sortes de légumes. En plus, les légumes n'ont même pas besoin d'être frais et croquants !

4 Rincez abondamment le riz non cuit, puis incorporez-le aux légumes, afin qu'il s'imprègne des différentes saveurs. N'ajoutez pas d'eau pour l'instant.

5 Entre-temps, portez de l'eau à ébullition dans une bouilloire. Versez l'eau bouillante dans le faitout, afin de couvrir de moitié le riz et les légumes.

6 Laissez mijoter sur feu moyen. Dès absorption complète du liquide, ajoutez un peu d'eau sans attendre.

7 Il est important à partir de cette étape de remuer régulièrement la préparation, afin d'obtenir un risotto riche et crémeux.

8 Une fois le riz *al dente*, ajoutez le reste de légumes exigeant un temps de cuisson plus court, comme les petits pois surgelés et les champignons.

9 En règle générale, comptez 20 à 30 minutes de cuisson pour que le riz soit prêt. Remuez régulièrement et continuez à ajouter de l'eau en cours de cuisson.

10 En fin de préparation, une fois tout le liquide absorbé, prélevez le risotto à la cuillère, directement dans le faitout. Vérifiez et rectifiez l'assaisonnement si nécessaire. Agrémentez le risotto de quelques cacahuètes et servez.

Un risotto riche, crémeux au point de penser que l'on a utilisé de la crème. Le secret de cette texture tient au fait de remuer la préparation tout au long de la cuisson et d'ajouter de l'eau progressivement – ce qui, je l'admets, n'est pas la méthode la plus rapide et la plus simple pour préparer un risotto. Mais vous gagnez du temps, en utilisant un seul récipient : votre vaisselle sera plus vite faite !

BOWL DÉTOX AYURVÉDIQUE
aux haricots mungo et au quinoa

environ 45 minutes + 8 heures
de trempage au minimum

> *50 g de haricots mungo*
> *2 rondelles de gingembre frais*
> *½ c. à café de curcuma*
> *en poudre*
> *½ c. à café de cumin*
> *¼ c. à café de cardamome*
> *½ c. à café de cannelle*
> *de Ceylan en poudre*
> *1 c. à café d'huile de noix*
> *de coco ou de ghee*
> *30 g de quinoa non cuit*
> *50 g de carotte*
> *50 g de courgette*
> *50 g de fenouil*
> *1 poignée de persil frais*
> *sel et poivre*

Info

✳ L'ayurvéda… ? C'est une forme de médecine traditionnelle indienne, connue pour ses procédés naturels de détoxification de l'organisme.

1 Mettez les haricots mungo à tremper dans de l'eau toute une nuit ou au minimum 8 heures, puis rincez-les abondamment.

2 Pelez les rondelles de gingembre et hachez-les finement. Mettez le gingembre dans un faitout, ajoutez les épices moulues et un peu d'huile de noix de coco ou de ghee. Faites revenir le tout.

3 Rincez le quinoa sous l'eau froide, égouttez-le. Ajoutez-le avec les haricots dans le faitout et faites revenir pendant 2 à 3 minutes. Déglacez avec 400 ml d'eau et laissez mijoter le tout sur feu doux.

4 Lavez et parez la carotte, la courgette et le fenouil. Pelez les légumes, coupez-les en dés. Lavez, séchez et hachez le persil. Ajoutez le tout dans le faitout et laissez mijoter, jusqu'à ce que les haricots mungo soient cuits (20 à 30 minutes). En fin de cuisson, toute l'eau doit avoir été absorbée. Goûtez, salez et poivrez si nécessaire. Servez la préparation dans un bol.

Il s'agit de ma recette ayurvédique préférée, aux effets relaxants et détoxifiants. En règle générale, notre système digestif est surchargé, mais un plat léger et diététique comme ce khichdi fait ici des miracles. Il soulage le tube digestif, cicatrise les parois intestinales et stimule le métabolisme, pour faciliter la digestion et détoxifier le système digestif.

VALEUR NUTRITIONNELLE MOYENNE 344 KCAL. – PROTÉINES 18 G – GLUCIDES 45 G – FIBRES 14 G – LIPIDES 7 G (INSATURÉS 2 G)

BEIGNETS VEGAN

au potimarron, champignons et quinoa

environ 50 minutes

1 Pelez le potimarron, retirez les graines et coupez-le en morceaux. Faites cuire le potimarron à la vapeur dans un autocuiseur, en seulement 10 minutes. Éventuellement, faites-le cuire pendant 20 à 25 minutes dans une casserole d'eau. Dans une passoire, rincez le quinoa sous l'eau froide avant de le cuire pendant 12 à 15 minutes avec une pincée de sel dans 2,5 fois son volume d'eau.

2 Pour les beignets, parez et, si nécessaire, pelez les légumes. Râpez la carotte à la râpe manuelle ou au robot de cuisine. Émincez finement les champignons, en conservant quelques lamelles pour la garniture.

POUR LE BOL :

> 30 g de quinoa non cuit
> 50 g de salade
> 1 poignée de tomates cerises
> sel

POUR 6 BEIGNETS :

> 150 g de potimarron
> 100 g de carotte
> 100 g de champignons (par exemple champignons de Paris)
> 1 poignée de persil
> piment en poudre
> 30 g d'avoine
> 2 c. à soupe de graines de chanvre décortiquées
> cumin moulu
> 3 à 4 c. à café d'huile d'avocat
> sel et poivre

ASSAISONNEMENT :

> 1 c. à soupe de jus de citron
> 1 c. à soupe d'huile d'olive
> sel et poivre

VALEUR NUTRITION-NELLE MOYENNE

689 KCAL. – PROTÉINES 21 G – GLUCIDES 69 G – FIBRES 14 G – LIPIDES 34 G (INSATURÉS 27 G)

Astuce

* Les végétariens peuvent ajouter 1 œuf à la pâte.

3 Lavez, séchez et hachez le persil. Dans une casserole, faites cuire pendant 5 minutes à l'étouffée le persil avec la carotte, les champignons, le sel, le poivre et un peu de piment en poudre, le tout additionné d'un peu d'eau. En fin de cuisson, toute l'eau doit avoir été absorbée, sinon égouttez le liquide restant.

4 Retirez le potimarron de l'autocuiseur et réduisez-le en purée. Incorporez les légumes cuits, l'avoine et les graines de chanvre. Écrasez le tout à la fourchette, jusqu'à l'obtention d'une pâte lisse et épaisse. Assaisonnez de sel, poivre et cumin.

5 Préchauffez le four à 150 °C. À l'aide d'une cuillère, prélevez et formez de petits beignets, puis déposez-les dans une poêle à frire nappée d'un peu d'huile d'avocat, pour les dorer de chaque côté. Pour que les beignets conservent leur forme, incorporez une cuillerée supplémentaire de graines d'avoine ou de farine à la pâte.

6 Transférez les beignets sur une plaque de cuisson chemisée de papier sulfurisé et enfournez dans le four préchauffé pour 20 minutes. Ce mode de cuisson assèche les beignets et les rend encore plus croustillants.

7 Pour l'assaisonnement, mélangez tous les ingrédients de la liste. Parez, lavez et séchez les feuilles de salade avant de les transférer dans un bol. Ajoutez les tomates lavées et nappez d'assaisonnement. Égouttez le quinoa dans une passoire, puis transférez-le avec les beignets sur la salade. Agrémentez de lamelles de champignons.

Galettes et beignets vegan pour burger se trouvent au rayon frais des supermarchés bio. La plupart d'entre eux ont une saveur similaire et si vous y regardez de plus près, vous noterez qu'ils sont préparés à partir de beaucoup de soja et d'huiles de piètre qualité. Ma recette de beignets fait appel à des ingrédients de qualité supérieure, à commencer par le potimarron, les champignons pour la texture et l'avoine et de les graines de lin pour lier le tout.

GALETTES BURGER VEGAN
avec frites et sauce dip aux noix de cajou

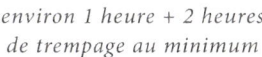

environ 1 heure + 2 heures
de trempage au minimum

POUR LA SAUCE DIP :
> ‣ *50 g de noix de cajou*
> ‣ *1 c. à soupe de jus de citron*
> ‣ *sel*

POUR LES BURGERS
(5 BURGERS) :
> ‣ *100 g de patate douce*
> ‣ *50 g de lentilles non cuites*
> ‣ *40 ml de boisson végétale*
> ‣ *1 c. à soupe de graines*
> *de tournesol*
> ‣ *30 g d'avoine*
> ‣ *piment en poudre*
> ‣ *cumin moulu*
> ‣ *2 à 3 c. à café*
> *d'huile d'avocat*
> ‣ *sel et poivre*

1 Pour la sauce dip aux noix de cajou, mettez les noix de cajou à tremper dans de l'eau pendant au minimum 2 heures, mais de préférence toute une nuit.

2 J'utilise une petite patate douce comme ingrédient de base de la galette du burger. Mettez-la à cuire non pelée pendant 15 à 20 minutes dans une casserole d'eau bouillante, ou pendant 10 à 15 minutes dans un autocuiseur. Laissez-la refroidir avant de la peler.

3 Entre-temps, rincez les lentilles dans une passoire sous l'eau froide, puis faites-les cuire dans une eau salée. La durée de cuisson dépend de la variété de lentilles, comptez 15 minutes pour les lentilles corail. Égouttez et réservez.

4 Préchauffez le four à 190 °C. Lavez et parez les pommes de terre, puis coupez-les en frites. Enrobez les frites d'un peu d'huile d'avocat et assaisonnez de sel, poivre et cumin. Transférez les frites sur une plaque de cuisson chemisée de papier sulfurisé et enfournez pour 30 minutes, le temps de les dorer.

5 Réduisez la patate douce en purée avec un peu de boisson végétale, jusqu'à l'obtention d'un mélange crémeux. Incorporez les lentilles, les graines de tournesol et d'avoine. Assaisonnez de sel, poivre et épices. Formez cinq galettes à partir de la préparation et faites-les dorer de chaque côté dans une poêle à frire nappée d'un peu d'huile d'avocat. Déposez les galettes à côté des frites dans le four et poursuivez la cuisson pendant 10 à 15 minutes.

POUR LES FRITES :
> *200 g de pommes de terre*
> *1 c. à café d'huile d'avocat*
> *cumin moulu*
> *paprika doux*
> *sel et poivre*

POUR LE BOL :
> *50 g de haricots*
  verts extrafins
> *50 g de laitue*

····· *Astuce* ·····

* Si les galettes ne gardent
pas leur forme à la cuisson,
ajoutez 1 c. à soupe de farine
dans la préparation.

6 Lavez et équeutez les haricots verts extrafins. Enfournez-les pour la même durée que les galettes, sans aucun ajout. Entre-temps, rincez les noix de cajou sous l'eau froide, puis transférez-les dans le bol d'un robot-mixeur. Ajoutez le jus de citron, 30 ml d'eau, une généreuse pincée de sel et mixez. En quelques minutes vous obtiendrez une sauce dip lisse et crémeuse. Détachez la préparation qui colle à la lame du robot et mixez brièvement, afin d'obtenir une préparation uniformément lisse.

7 Lavez, parez et séchez la laitue à l'essoreuse à salade. Transférez les feuilles de laitue dans un bol, puis ajoutez les haricots verts, les galettes à burger et les frites. Agrémentez de sauce dip aux noix de cajou sur le côté.

Des galettes burger sans viande ? Dans ma famille, tout le monde les apprécie. Je recommande cette recette à tous ceux qui ne sont pas encore convaincus par la saveur d'une alimentation saine, avec ces versions de burgers et de frites bien plus diététiques, mais aussi savoureuses !

Substituts : Un peu trop calorique ? Remplacez la sauce dip aux noix de cajou par une sauce tomate et vous perdrez 250 kcal !

VALEUR NUTRITIONNELLE MOYENNE 1 037 KCAL. – PROTÉINES 34 G – GLUCIDES 124 G – FIBRES 17 G – LIPIDES 44 G (INSATURÉS 36 G)

TERRE ET CIEL

betterave rôtie, frites de patate douce et pomme au four

....

1 Préchauffez le four à 180 °C.

2 Nettoyez et pelez les patates douces, puis découpez-les en allumettes.
Transférez-les dans un saladier, ajoutez 2 c. à café d'huile d'avocat et remuez.
Mélangez le cumin, le sel et le poivre, puis saupoudrez-en les allumettes de patate
douce et mélangez à nouveau.

3 Coupez la betterave en dés, en utilisant une feuille de papier absorbant pour la
maintenir et éviter de teinter vos doigts de rouge. Mélangez les dés de betterave
avec le reste d'huile d'avocat et de poivre.

environ 40 minutes

POUR LES LÉGUMES :

› *200 g de patates douces*
› *3 c. à café d'huile d'avocat*
› *cumin moulu*
› *100 g de betterave crue*
› *100 g de carotte*
› *100 g de courgette*
› *50 g de radis*
› *50 g de pomme*
› *cresson*
› *sel et poivre*

POUR LA SAUCE :

› *30 ml de crème de coco*
› *2 c. à café de pâte à tartiner aux graines de citrouille (ou de tahini)*
› *1 c. à café de vinaigre de cidre ou de vinaigre de votre choix*
› *sel et poivre*

······ *Astuce* ······

* Substituts : topinambours, panais, persil tubéreux ou fenouil peuvent être intégrés dans ce plat. Préparez-les comme la betterave.

4 Répartissez les allumettes de patate douce et les dés de betterave sur une plaque de cuisson chemisée de papier sulfurisé, puis enfournez pour 25 à 30 minutes. Retirez la plaque du four dès que les allumettes commencent à dorer et croustiller.

5 Entre-temps, nettoyez et pelez la carotte, puis râpez-la à la râpe manuelle ou au robot de cuisine. Lavez et parez la courgette avant de la détailler en spaghettis au spiraliseur. Lavez et coupez les radis en quatre.

6 Lavez, épépinez et coupez la pomme en tranches. Enfournez pour environ 15 minutes.

7 Pour la sauce aux graines de citrouille, mixez tous les ingrédients de la liste au robot-mixeur, jusqu'à l'obtention d'une purée lisse et crémeuse. Nappez les spaghettis de courgette de sauce et remuez.

8 Transférez les spaghettis de courgette dans un bol, ajoutez la carotte râpée, puis tous les ingrédients cuits au four. Terminez par les radis et le cresson.

Qu'est-ce que la patate douce, la betterave, la carotte et les radis ont en commun ? Tous se développent sous terre et, comme les tubercules, ils stockent tout ce dont une plante a besoin pour vivre. Cuits ou crus, râpés ou entiers, ces légumes des plus polyvalents et nutritifs sont régulièrement inscrits à mes menus.

VALEUR NUTRITIONNELLE MOYENNE 567 KCAL. – PROTÉINES 11 G – GLUCIDES 76 G – FIBRES 15 G – LIPIDES 23 G (INSATURÉS 9 G)

Légère, saine et gourmande, cette préparation est bien plus simple à préparer que ce qu'il n'y paraît. La cuisson de légumes au four est idéale quand on ne veut pas passer 20 minutes en cuisine. Il suffit en effet d'enfourner les légumes et de régler le minuteur. Les jours de stress, ce mode de cuisson est celui que je préfère.

LÉGUMES RÔTIS AU FOUR

aux pois chiches grillés et pesto aux épinards

environ 45 minutes

› *30 g de pesto aux épinards,
aux noix et aux olives (recette
page 215)*
› *100 g de carottes nouvelles*
› *150 g de courgette*
› *100 g de champignons*
› *150 g de tomate*
› *2 à 3 c. à café d'huile d'avocat*
› *2 c. à café de gingembre moulu*
› *30 g de pois chiches en boîte*
› *30 g de pousses d'épinards*
› *facultatif : origan déshydraté,
piment en poudre, thym
déshydraté*
› *sel et poivre*

VALEUR NUTRITION-
NELLE MOYENNE
351 KCAL. – PROTÉINES
11 G – GLUCIDES 27 G –
FIBRES 11 G – LIPIDES
21 G (INSATURÉS 17 G)

1 Préchauffez le four à 190 °C, puis préparez un pesto aux épinards, aux noix et aux olives (recette page 215).

2 Lavez, parez et pelez si nécessaire les légumes. Gardez les carottes fines entières et coupez les autres en deux. Émincez la courgette et les champignons, puis coupez la tomate en deux.

3 Nappez les légumes d'un peu d'huile d'avocat puis assaison- nez-les. J'utilise du gingembre moulu pour les carottes, de l'origan et du piment en poudre pour les tomates et les courgettes, du thym pour les champignons. Autre solution plus simple, le sel et le poivre – ils se marient avec tout.

4 Rincez abondamment les pois chiches sous l'eau froide, puis égouttez-les avant de les transférer dans un saladier. Saupoudrez-les de gingembre moulu et remuez.

5 Chemisez une plaque de cuisson de papier sulfurisé, avant d'y transférer et d'y répartir les légumes. Enfournez pendant 20 à 25 minutes dans le four préchauffé, le temps que les légumes cuisent et dorent.

6 Entre-temps, parez, lavez et séchez les pousses d'épinards à l'essoreuse à salade. Mélangez-les à un peu de pesto fait maison. Transférez les pousses d'épinards dans un bol, ajoutez les légumes rôtis et un peu plus de pesto.

SPAGHETTIS

aux lentilles vegan à la bolognaise

....

1 Facultatif : pelez et hachez les oignons, avant de les faire revenir dans un peu d'huile d'avocat, le temps qu'ils deviennent translucides.

2 Lavez, parez et pelez si nécessaire la carotte, les champignons et le poivron. Hachez-les finement au couteau ou au robot de cuisine. Émincez les olives. Lavez, séchez et hachez les herbes aromatiques.

3 Faites revenir pendant 5 minutes les légumes, les herbes aromatiques, le sel et les ingrédients de l'assaisonnement dans 1 c. à café d'huile d'avocat. Si vous utilisez des herbes fraîches, comptez une poignée d'un assortiment de romarin, persil et basilic. Avec des herbes déshydratées, comptez 1 c. à café de chaque.

environ 25 minutes

POUR 2 PORTIONS
(350 G DE SAUCE) :

> ‣ *50 g de carotte*
> ‣ *50 g de champignons*
> ‣ *50 g de poivron*
> ‣ *20 g d'olives*
> ‣ *1 poignée d'herbes aromatiques fraîches (par exemple basilic, romarin)*
> ‣ *piment en poudre, à volonté*
> ‣ *2 à 3 c. à café d'huile d'avocat*
> ‣ *25 g de lentilles non cuites (par exemple lentilles corail)*
> ‣ *200 g de sauce tomate*
> ‣ *80 g de spaghettis non cuits (par exemple de légumes, de riz ou à l'épeautre complet)*
> ‣ *facultatif : oignons, un peu d'huile d'avocat*
> ‣ *sel et poivre*

GARNITURE :

> ‣ *2 c. à café de flocons de levure*

Astuce

* La sauce bolognaise se conserve quelques jours au réfrigérateur, dans un récipient hermétique. Associez-la à d'autres préparations (comme les spaghettis de courgette page 157).

4 Rincez les lentilles sous l'eau froide dans une passoire, puis égouttez-les. Mettez-les lentilles à mijoter dans une casserole avec la sauce tomate, 150 ml d'eau et les légumes. Remuez sans arrêt. La durée de cuisson des lentilles dépend de la variété, pour des lentilles corail comptez 15 minutes. Goûtez pour vérifier la cuisson et rectifiez l'assaisonnement si nécessaire.

5 Entre-temps, faites cuire votre variété de pâtes préférée dans une eau bouillante salée, selon les instructions mentionnées sur le paquet. Égouttez. J'adore les pâtes sautées dans de l'huile d'avocat.

6 Nappez les pâtes de sauce bolognaise et servez. Et le parmesan ? Pour une version vegan, remplacez-le par des flocons de levure nutritionnelle.

Est-ce bien diététique ? Évidemment ! Commençons par la sauce bolognaise, une fois que vous l'aurez goûtée, jamais plus vous ne voudrez y intégrer de la viande. Même mon père l'adore ! Les dés de légumes, les lentilles et, plus que tout, un choix judicieux d'herbes aromatiques feront toute la différence. Pour les pâtes, évitez les variétés ordinaires à base de farine blanche, pauvres en nutriments. Préférez des variétés à base de farine complète, d'épeautre ou même des pâtes élaborées à partir de farine de pois chiches, de haricots ou de lentilles. Sans gluten, elles sont aussi plus riches en protéines. Ma recette fait appel à des spaghettis à la farine de pois chiches et de riz brun. Délicieux !
P.-S. : Mon frère Dennis double ou triple la quantité d'olives !

VALEUR NUTRITIONNELLE MOYENNE 460 KCAL. – PROTÉINES 22 G – GLUCIDES 62 G – FIBRES 10 G – LIPIDES 14 G (INSATURÉS 8 G)

SPAGHETTIS DE COURGETTE
aux lentilles vegan à la bolognaise

environ 50 minutes

> ❯ *1 portion de spaghettis aux lentilles vegan à la bolognaise (recette page 154)*
> ❯ *20 g de lentilles non cuites*
> ❯ *100 g de courgette*
> ❯ *50 g de champignons*
> ❯ *50 g d'épinards*
> ❯ *noix muscade râpée*
> ❯ *50 g de cœurs d'artichauts*
> ❯ *sel et poivre*

VALEUR NUTRITION-
NELLE MOYENNE
340 KCAL. – PROTÉINES
16 G – GLUCIDES 34 G –
FIBRES 7 G – LIPIDES 15 G
(INSATURÉS 12 G)

1 Réchauffez la sauce bolognaise vegan (voir recette page 154). Préparez-la ou utilisez une sauce préparée la veille et conservée au réfrigérateur. Rincez les lentilles sous l'eau froide dans une passoire, avant de les cuire dans une eau bouillante salée. Des lentilles précuites peuvent être conservées au réfrigérateur.

2 Lavez et parez la courgette avant de la détailler en spaghettis au spiraliseur. Mélangez les spaghettis et la sauce bolognaise, puis chauffez la préparation sur le feu, le temps de ramollir les spaghettis, pendant environ 5 à 10 minutes.

3 Parez les champignons, émincez-les avant de les braiser avec un peu de sel, de poivre et un trait d'eau, dans une poêle à frire.

4 Lavez et parez les épinards, avant de les cuire brièvement avec un peu d'eau, dans une poêle à frire. Assaisonnez de sel, poivre et noix muscade, selon vos goûts.

5 Hachez les cœurs d'artichauts. Transférez les lentilles, les spaghettis de courgette à la bolognaise, les épinards et les champignons dans un bol. Agrémentez de cœurs d'artichauts hachés.

Envie d'un repas léger ? Il arrive parfois que nous ne ressentions pas le besoin de faire un repas « complet ». Ce bol de légumes associe de délicieuses saveurs salées, tout en restant léger. Je sais, les spaghettis de courgette n'ont rien à voir avec les pâtes tradition-nelles, et d'ailleurs, elles ne cherchent pas à les remplacer. Il s'agit simplement d'un autre mode de présentation des légumes.

SALADE EXPRESS

au pesto avec courgettes et noix grillées

....

environ 25 minutes

> *50 g de pesto aux épinards,*
>   *(recette page 215)*
>   *20 g de noix*
>   *200 g de courgette*
>   *100 g de petites tomates*
>   *20 g d'olives*
> *1 poignée de pousses d'épinards*

**VALEUR NUTRITION-
NELLE MOYENNE**
397 KCAL. – PROTÉINES
10 G – GLUCIDES 14 G –
FIBRES 5 G – LIPIDES 34 G
(INSATURÉS 28 G)

Astuce

＊ Pas envie de salade fraîche
aujourd'hui ? Réchauffez les
ingrédients à la poêle, à partir
de l'étape 4. Les courgettes et
le pesto sont délicieux servis
sous forme de repas chaud.

---

1 Préchauffez le four à 165 °C. Préparez un pesto aux épinards (voir recette page 215). Préparez-le le jour même ou utilisez un pesto conservé au réfrigérateur.

2 Répartissez les noix sur une plaque de cuisson et toastez-les pendant 10 minutes au four. Retournez-les à mi-cuisson. Inutile d'ajouter de l'huile !

3 Parez et lavez la courgette avant de les détailler en spaghettis au spiraliseur. Lavez, parez et coupez les tomates en deux. Émincez les olives. Lavez, parez et séchez à l'essoreuse à salade les pousses d'épinards, avant de les effilocher finement.

4 Dans un bol, mélangez à la main les spaghettis de courgette et le pesto, puis ajoutez le reste des ingrédients. Broyez grossièrement les noix, en réservant quelques noix entières pour la garniture.

5 Servez sans attendre ou conservez la préparation jusqu'à 2 jours au réfrigérateur.

Un bowl que je cuisine presque tous les jours… « Cuisiner » est un bien grand mot. Les principaux ingrédients restent crus et sont prêts en un rien de temps. Une parfaite recette toute prête ou à emporter. Les spaghettis de courgette restent fermes et le pesto ne coule pas. Seules les noix toastées sont ajoutées au dernier moment, avant de déguster.

QUINOA EN SALADE
– *classique*

environ 20 minutes

POUR LA SALADE :

➤ *50 g de* quinoa *non cuit*
➤ *50 g de concombre*
➤ *50 g de petites tomates*
➤ *50 g de radis*
➤ *50 g d'avocat*
➤ *30 g de chou rouge*
➤ *1 poignée de feuilles de laitue*
➤ *1 poignée de persil frais*
➤ *sel*

ASSAISONNEMENT :

➤ *1 c. à soupe de jus de citron*
➤ *1 c. à soupe d'huile d'olive,*
de graines de lin ou de chanvre
➤ *2 c. à soupe de boisson végétale*
➤ *1 à 2 c. à café de sirop d'agave*
➤ *sel et poivre*

GARNITURE :

➤ *10 g de graines de citrouille*

······ *Astuce* ······

✳ Le quinoa se protège des atta-
ques de nuisibles avec la saponine,
une substance à l'origine de sa
saveur légèrement amère. Tempérez
cette amertume en le rinçant
abondamment sous l'eau froide.

1 Dans une passoire, rincez le quinoa sous l'eau froide avant de le cuire pendant 12 à 15 minutes avec un peu de sel dans 2,5 fois son volume d'eau, jusqu'à absorption de tout le liquide.

2 Entre-temps, lavez, parez et pelez si nécessaire les légumes, avant de les couper en dés. La liste des ingrédients vous donne une idée du genre de légumes que je préfère dans mon quinoa en salade. Mais rien ne vous empêche d'utiliser d'autres variétés ! Lavez et séchez les feuilles de laitue et le persil à l'essoreuse à salade, avant de les effilocher grossièrement.

3 Chemisez une grande assiette de feuilles de papier absorbant, puis déposez le quinoa dessus.

4 Mélangez tous les ingrédients de l'assaisonnement, puis salez et poivrez. Dès que le quinoa est tiède ou froid, incorporez les légumes, la laitue et le persil, puis nappez le tout d'assaisonne-ment. Agrémentez de graines de citrouille.

Le quinoa est parfois qualifié « d'or des Incas », avec raison ! Ces petites graines sont probablement ma source de protéines d'origine végétale préférée : elles contiennent tous les acides gras aminés essentiels, ce qui signifie qu'il s'agit de protéines « complètes ». Cette pseudo-céréale sans gluten offre une teneur importante en vitamines et minéraux.

VALEUR NUTRITIONNELLE MOYENNE 484 KCAL. – PROTÉINES 15 G – GLUCIDES 42 G – FIBRES 9 G – LIPIDES 27 G (INSATURÉS 22 G)

QUINOA EN SALADE
— *nouvelle version*

environ 20 minutes

POUR LA SALADE :

> 50 g de quinoa non cuit
> 50 g de pois chiches en boîte
> ½ pomme
> 20 g de raisins secs
> 20 g de myrtilles
> 20 g de baies de goji
> 20 g d'amandes
> 1 poignée de feuilles de laitue
> 1 pincée de sel

ASSAISONNEMENT :

> ½ pomme
> 1 c. à soupe de jus de citron
> 30 ml de boisson végétale
> ½ c. à café de cannelle
de Ceylan moulue
> sel et poivre

VALEUR NUTRITION-NELLE MOYENNE
510 KCAL. – PROTÉINES 19 G –
GLUCIDES 75 G – FIBRES 20 G –
LIPIDES 16 G (INSATURÉS 14 G)

1 Dans une passoire, rincez le quinoa sous l'eau froide avant de le cuire pendant 12 à 15 minutes avec un peu de sel dans 2,5 fois son volume d'eau, jusqu'à absorption de tout le liquide. Chemisez une grande assiette de feuilles de papier absorbant, puis déposez le quinoa dessus.

2 Entre-temps, rincez les pois chiches sous l'eau froide. Égouttez-les, puis faites-les revenir dans une poêle à frire à sec – sans huile – le temps de les toaster.

3 Lavez et parez les fruits, en coupant les plus gros si nécessaire. J'utilise la moitié d'une pomme, du raisin et quelques baies. Ça fonctionne aussi très bien avec des fruits séchés. Hachez grossièrement les amandes. Lavez, parez et séchez les feuilles de laitue à l'essoreuse à salade, avant de les effilocher finement.

4 Pour l'assaisonnement, mélangez tous les ingrédients de la liste au robot-mixeur. Salez et poivrez, selon vos goûts.

5 Mélangez le quinoa avec les fruits, la laitue, les pois chiches toastés et les amandes hachées. Nappez d'assaisonnement et mélangez le tout. Transférez dans un bol et dégustez !

J'aime à ce point le quinoa en salade que je me contente de la version aux légumes (voir p. 161). Mais le quinoa est encore meilleur quand on l'associe à des saveurs douces et fruitées. Libre à vous d'ajouter un peu plus ou d'autres ingrédients. La seule règle est de réunir un fruit doux (raisin), un fruit frais et croquant (pomme), un ingrédient salé (pois chiches) et un ingrédient à texture croquante (amandes).

BOWL ARC-EN-CIEL
aux légumes crus

environ 20 minutes

POUR LE BOL :

› *1 poignée de feuilles de laitue*
› *50 g de courgette*
› *50 g de carotte*
› *50 g de betterave*
› *50 g de concombre*
› *50 g de radis*
› *20 g de mangue*

ASSAISONNEMENT :

› *50 g de mangue*
› *1 c. à soupe d'huile
de chanvre ou d'olive*
› *un peu de persil
(frais ou déshydraté)*
› *sel et poivre*

GARNITURE :

› *1 petite poignée de graines
germées*

Astuce

* *Une bonne digestion est nécessaire pour consommer des légumes
crus. En général, nous digérons
moins bien sous l'effet du stress ou
en voyage. Donc dans ce cas, mieux
vaut éviter les légumes crus !*

1 Lavez, parez et séchez les feuilles de laitue à l'essoreuse à salade. Lavez et parez les légumes et les fruits, en les pelant si nécessaire. Détaillez la courgette en spaghettis au spiraliseur. Râpez la carotte, émincez la betterave façon carpaccio, coupez le concombre en bâtonnets et les radis en deux, puis la mangue en dés.

2 Pour l'assaisonnement à la mangue, réduisez en purée les ingrédients de la liste, jusqu'à l'obtention d'un mélange crémeux. Salez et poivrez. À cette étape, vous pouvez utiliser de la mangue surgelée, sans oublier de la décongeler avant.

3 Déposez les feuilles de laitue dans un bol et ajoutez les légumes en ligne pour un effet évoquant un arc-en-ciel, comme les bandes colorées d'un bol d'açaï ! Agrémentez de graines germées.

Pourquoi le « cru » est-il à ce point important ? Différents nutri-ments sont sensibles à la chaleur et détruits sous l'effet de la cuisson. Ainsi, les aliments non cuits abritent par exemple plus de vitamines B et C. La cuisson détruit de même certains antioxydants, ce qui est dommage ! De temps en temps, consommez des légumes frais et croquants. Néanmoins, leurs propriétés diététiques ne seront assimilées que si vous parvenez à bien digérer ces légumes crus. À vous d'essayer ce qui vous convient. Personnellement, j'ai plus de mal à digérer les brocolis, le chou-fleur et le chou frisé. Mais aucun problème avec le concombre, les radis et les carottes.

VALEUR NUTRITIONNELLE MOYENNE 192 KCAL. – PROTÉINES 4 G – GLUCIDES 22 G – FIBRES 4 G – LIPIDES 10 G (INSATURÉS 8 G)

BÂTONNETS VEGGIE

à l'houmous — en-cas express

environ 15 minutes

POUR LES BÂTONNETS :

> › *1 carotte*
> › *½ concombre*
> › *½ poivron*
> › *1 tomate*
> › *1 poignée de radis*

POUR L'HOUMOUS :

> › *80 g de pois chiches en boîte*
> › *1 c. à soupe de tahini*
> › *1 c. à soupe d'huile d'olive*
> *ou de boisson végétale*
> › *1 trait généreux de jus de citron*
> › *½ c. à café de cumin moulu*
> › *1 grosse pincée de sel*
> › *poivre*
> › *facultatif : ail*

Astuce

✱ Les antioxydants se concentrent juste sous la peau des légumes, c'est pourquoi je ne les pèle jamais, sauf si nécessaire. Il suffit de bien rincer vos légumes bio !

1 Lavez et parez les légumes, en les pelant si nécessaire. Coupez la carotte, le concombre et le poivron en bâtonnets. Coupez la tomate et les radis en deux ou en quatre.

2 Pour l'houmous, rincez les pois chiches sous l'eau froide dans une passoire. Égouttez-les et éventuellement pelez-les, avant de les réduire en purée avec le reste des ingrédients, jusqu'à l'obtention d'un mélange crémeux. D'ordinaire, on utilise de l'huile d'olive pour l'houmous, mais pour une version moins calorique, remplacez-la par la boisson végétale de votre choix.

3 Rassemblez la préparation au centre du bol du robot-mixeur, elle a tendance à coller sur les parois.

4 Dressez les légumes dans le bol et servez-les accompagnés d'houmous. Une préparation idéale à partager — si vous êtes prêt à le faire !

Un en-cas savoureux, riche en protéines et sains acides gras, préparé en quelques minutes seulement. L'houmous est délicieux avec un pain plat, mais encore meilleur avec des légumes. Une association riche en vitamines, minéraux, fibres et antioxydants. À déguster entre deux repas, à partager ou à servir en entrée.

VALEUR NUTRITIONNELLE MOYENNE 338 KCAL. – PROTÉINES 12 G – GLUCIDES 31 G – FIBRES 12 G – LIPIDES 17 G (INSATURÉS 14 G)

VELOUTÉ VEGGIE EXPRESS
aux épinards, petits pois et noix de cajou

*environ 10 minutes
+ 2 heures de trempage*

> ‣ *30 g de noix de cajou*
> ‣ *250 ml de boisson
> aux noix de cajou*
> ‣ *70 g d'épinards
> (frais ou surgelés)*
> ‣ *70 g de petits pois
> (frais ou surgelés)*
> ‣ *1 trait de jus de citron*
> ‣ *1 à 2 c. à café de sirop d'agave*
> ‣ *noix muscade râpée*
> ‣ *piment en poudre*
> ‣ *sel et poivre*

GARNITURE :
> ‣ *basilic frais, petits pois frais*

* Le fer contenu dans les épinards
est assimilé plus facilement quand
il est associé à la vitamine C, donc
n'oubliez pas le trait de citron !

1 Facultatif : mettez les noix de cajou à tremper au minimum 2 heures ou toute une nuit dans un verre d'eau additionnée de sel. Le trempage facilite les étapes à suivre et rend les noix de cajou plus digestes.

2 Au robot-mixeur, réduisez en purée les noix de cajou, la boisson aux noix de cajou, les épinards et les petits pois, jusqu'à l'obtention d'un mélange crémeux. Si vous disposez de basilic frais, n'hésitez pas à l'incorporer.

3 Assaisonnez le velouté de jus de citron, sirop d'agave, sel, poivre et épices.

4 Réchauffez doucement le velouté dans une casserole et rectifiez l'assaisonnement si nécessaire. Agrémentez de basilic et de quelques petits pois. Terminé !

Une recette parfaite, à la fois facile et rapide. Mixez et réchauffez ! Vous n'avez pas nécessairement à utiliser d'ingrédients frais et de fait pouvez puiser dans ceux que vous avez en réserve. Je dispose toujours d'épinards et de petits pois surgelés. La boisson aux noix de cajou peut être conservée non ouverte (et même à température ambiante !) près d'un an. Quant aux autres ingrédients, vous les trouverez sûrement dans vos placards.

VALEUR NUTRITIONNELLE MOYENNE 342 KCAL. – PROTÉINES 15 G – GLUCIDES 24 G – FIBRES 6 G – LIPIDES 21 G (INSATURÉS 17 G)

VELOUTÉ DE POTIMARRON
à la noix de coco et au gingembre

environ 25 minutes

> *200 g de potimarron*
> *3 à 4 fines rondelles*
> *de gingembre*
> *(ou gingembre moulu)*
> *200 ml de boisson végétale*
> *(par exemple d'amande)*
> *50 ml de crème de coco*
> *(environ 60 % de noix de coco)*
> *noix muscade râpée*
> *sel et poivre*

GARNITURE :
> *10 g de graines de citrouille,*
> *1 c. à café de lait de coco*

1 Pelez et retirez les graines du potimarron. Coupez-le en morceaux. Pelez et émincez le gingembre aussi finement que possible. Éventuellement, utilisez du gingembre moulu.

2 Transférez le potimarron et le gingembre dans un faitout, puis ajoutez la boisson végétale, la crème de coco et une pincée de sel. La durée de cuisson varie selon la taille des morceaux de potimarron, mais en règle générale comptez 15 minutes. Personnellement, je juge que le potimarron est cuit dès que je parviens à couper les morceaux à la cuillère.

3 Réduisez le tout en purée, puis assaisonnez de sel, poivre et noix muscade. Si la consistance est trop épaisse, ajoutez un peu de boisson végétale.

4 Servez le velouté agrémenté de graines de citrouille et de lait de coco.

Quand le potimarron rencontre la noix de coco… vous n'avez jamais essayé ? L'heure est venue ! Ce velouté est un grand classique dans ma cuisine. J'apprécie les préparations réconfortantes comme celle-ci dès que l'automne s'installe. Le lait de coco est la parfaite alternative à la crème ou à la crème fraîche, et, si vous voulez mon avis, il a plus de saveur.

VALEUR NUTRITIONNELLE MOYENNE 313 KCAL. – PROTÉINES 11 G – GLUCIDES 32 G – FIBRES 5 G – LIPIDES 16 G (INSATURÉS 4 G)

Bowls dessert

5

Se priver de dessert sous prétexte de manger plus sainement ? Pas question !
J'ai donc décidé de consacrer un chapitre de mon livre aux desserts. Tarte chaude
à la banane et à la noix de coco, brownie ou crème glacée… Laissez-vous aller
à la gourmandise sans mauvaise conscience. En effet, sachez que tous les sucres ne se valent
pas. Vous réussirez à l'aide d'ingrédients naturels à préparer de merveilleux desserts ou en-cas
sucrés, sans sucre raffiné ou farine blanche. J'y parviens en exploitant la douceur naturelle
de fruits entiers et les qualités nutritionnelles de sucres comme celui de fleur de coco,
du miel ou du sirop de dattes. Notre organisme assimile moins rapidement ces sucres,
ce qui évite les pics de glycémie. Recourir à des ingrédients complets et naturels
me permet de ne pas solliciter d'édulcorants artificiels ou de substituts chimiques
dans mes recettes.

CRÈME GLACÉE
façon cookie

environ 10 minutes

> *150 g de pois chiches en boîte*
> *80 g de banane mûre*
> *30 g de pâte à tartiner aux noisettes (ou d'un fruit à coque différent, par exemple cacahuètes)*
> *6 à 8 c. à soupe d'eau*
> *vanille en poudre*
> *20 g de copeaux de chocolat vegan (80 % de cacao au minimum)*
> *sel*
> *facultatif : sirop d'agave ou de dattes ou sucre de fleur de coco*

Astuce

* Vous recherchez un substitut plus diététique aux copeaux de chocolat ? Le grué de cacao !

1 Pour cette recette, j'utilise des pois chiches en boîte. Rincez-les sous l'eau froide et pelez-les si vous préférez (pour les bienfaits des cosses et enveloppes, voir page 31).

2 Mixez les pois chiches avec la banane et la pâte à tartiner aux noisettes, jusqu'à l'obtention d'un mélange lisse.

3 Commencez par incorporer des cuillerées d'eau, sans cesser de mélanger et en vous arrêtant dès que la préparation acquiert une consistance crémeuse.

4 Incorporez la vanille et le sel. Si à votre goût la douceur de la banane ne suffit pas, ajoutez une quantité supplémentaire ou éventuellement un des édulcorants de la liste.

5 Incorporez délicatement les copeaux de chocolat et placez la crème au réfrigérateur au minimum 1 heure.

Tous ceux qui ont goûté à cette crème glacée alors que j'étais en train de perfectionner ma recette sont d'accord : délicieux ! Il est certain qu'il ne s'agit pas d'un dessert léger et aérien, mais riche et crémeux à souhait. Parfait pour tous ces moments où l'envie de gourmandise vous tenaille. Mon frère trouve que la recette de base manque de sucre. Si vous êtes de son avis, rectifiez sa saveur en ajoutant du sirop d'agave ou de dattes. Régalez-vous !

VALEUR NUTRITIONNELLE MOYENNE 598 KCAL. – PROTÉINES 17 G – GLUCIDES 47 G – FIBRES 15 G – LIPIDES 35 G (INSATURÉS 25 G)

CRÈME PARFAITE
aux 4 parfums

environ 10 minutes

Base de toutes les crèmes :

1 Pelez les bananes mûres, émincez-les et placez-les au minimum 3 heures au congélateur. Je glisse les rondelles de bananes dans un sachet congélation que je réutilise, afin de réduire mes déchets plastique.

2 Si vous disposez déjà d'une réserve de bananes surgelées – ce que je recommande vivement – laissez décongeler ces dernières pendant 5 à 10 minutes avant de les préparer.

Exploiter la consistance crémeuse de la banane comme base de crème glacée est certainement la meilleure invention que nous aient léguée les vegans. Cette astuce permet de préparer de délicieuses crèmes glacées aux parfums variés. Aucun ajout de produit laitier ou sucre raffiné. La banane nous offre toute sa douceur naturelle. Une recette qui se passe facilement de l'option facultative : sirop d'agave ou de dattes.

Astuce

* Préparez toujours ces crèmes au dernier moment ! Ces recettes ne sont pas adaptées à la conservation de crèmes glacées au réfrigérateur.

CHOCOLAT :

> 200 g de banane surgelée
> (environ 2 bananes entières)
> 4 c. à café de cacao maigre
> nature

GARNITURE :

> 1 c. à café de grué de cacao

....

FRAISE-NOIX DE COCO :

> 150 g de banane surgelée
> 100 g de fraises surgelées
> 20 ml de crème de coco
> (60 % de noix de coco)

GARNITURE :

> 1 c. à café de noix de coco
> râpée

....

AMANDE CROQUANTE :

> 20 g d'amandes hachées
> 200 g de banane surgelée
> 3 c. à café de pâte à tartiner
> aux amandes

....

CARAMEL :

> 2 dattes dénoyautées
> 200 g de banane surgelée
> 3 c. à café de pâte à tartiner
> aux noisettes
> vanille en poudre
> 1 grosse pincée de sel

....

Chocolat

Mixez les rondelles de bananes et le cacao en poudre, jusqu'à obtention d'un mélange crémeux. Utilisez de préférence un robot de cuisine ou un robot-mixeur. Parsemez de grué de cacao.

VALEUR NUTRITIONNELLE MOYENNE 285 KCAL. – PROTÉINES 7 G – GLUCIDES 49 G – FIBRES 6 G – LIPIDES 5 G (INSATURÉS 2 G)

Fraise-noix de coco

Mixez au robot les rondelles de banane et les fraises avec la crème de coco. Agrémentez de noix de coco râpée.

VALEUR NUTRITIONNELLE MOYENNE 244 KCAL. – PROTÉINES 3 G – GLUCIDES 41 G – FIBRES 7 G – LIPIDES 8 G (INSATURÉS 1 G)

Amande croquante

Mon parfum préféré ! Hachez les amandes et mixez au robot les trois quarts avec les rondelles de banane encore surgelées et la pâte à tartiner. Agrémentez la crème glacée d'amandes hachées.

VALEUR NUTRITIONNELLE MOYENNE 469 KCAL. – PROTÉINES 12 G – GLUCIDES 51 G – FIBRES 10 G – LIPIDES 25 G (INSATURÉS 22 G)

Caramel

Placez la chair d'une datte effilochée dans le bol du robot. Ajoutez les rondelles de banane, la pâte à tartiner aux noisettes, la vanille et le sel. Hachez la deuxième datte et incorporez-la à la crème glacée. Agrémentez de dattes hachées.

VALEUR NUTRITIONNELLE MOYENNE 478 KCAL. – PROTÉINES 7 G – GLUCIDES 75 G – FIBRES 11 G – LIPIDES 16 G (INSATURÉS 14 G)

....

CRUMBLE D'AMANDE
aux fruits

environ 50 minutes

POUR LES FRUITS :

- › *1 nectarine*
- › *1 poire*
- › *1 figue*
- › *1 prune*
- › *50 g de compote de pommes*

POUR LE CRUMBLE :

- › *20 g d'amandes*
- › *30 g d'avoine*
- › *10 g d'amandes en poudre*
- › *10 g de farine d'amande*
- › *40 ml de boisson aux amandes*
- › *1 c. à café de sirop de dattes*
- › *1 pincée de cannelle de Ceylan moulue*
- › *1 c. à café d'huile de noix de coco*

Note

* Vous pouvez utiliser presque toutes les variétés de fruits, dès lors qu'ils sont de saison. Pomme, poire, prune ou raisin… j'ai testé avec succès chacune de ces variétés.

1 Préchauffez le four à 160 °C.

2 Lavez, dénoyautez et/ou pelez les fruits si nécessaire, puis coupez-les en morceaux avant de les mélanger dans un saladier à la compote de pommes.

3 Pour le crumble, hachez les amandes et mélangez-les au reste des ingrédients de la liste (à l'exception de l'huile de noix de coco), jusqu'à l'obtention d'une pâte.

4 Graissez un plat à gratin avec l'huile de noix de coco, avant d'y transférer les fruits. Émiettez grossièrement la pâte au-dessus des fruits.

5 Enfournez pour 30 à 40 minutes dans le four préchauffé. Servez chaud.

Il s'agit de la première recette que j'ai photographiée pour ce livre. J'espère que cela ne se voit pas trop. J'ai passé près de 30 minutes à tenter d'obtenir le cliché parfait ! Le dessert est meilleur quand il est consommé chaud, à la sortie du four. Mais je peux vous assurer que 30 minutes plus tard, il est toujours aussi bon. Ce crumble ne cesse de me surprendre, simple, très naturel et incroyablement gourmand.

VALEUR NUTRITIONNELLE MOYENNE 595 KCAL. – PROTÉINES 19 G – GLUCIDES 73 G – FIBRES 17 G – LIPIDES 26 G (INSATURÉS 18 G)

RAMEQUINS DE BAIES

rôties au crumble chocolat et noix de coco

....

environ 25 minutes

....

> › *30 g d'avoine*
> › *10 g de farine de noix de coco*
> › *10 g de flocons de noix de coco*
> › *1 c. à café de cacao maigre nature*
> › *40 ml de crème de coco (environ 60 % de noix de coco)*
> › *2 c. à café d'huile de noix de coco*
> › *1 c. à café de sirop de dattes*
> › *150 g de baies fraîches ou surgelées*
> › *1 pincée de sel*

....

VALEUR NUTRITION-
NELLE MOYENNE
406 KCAL. – PROTÉINES
10 G – GLUCIDES 33 G –
FIBRES 16 G – LIPIDES 23 G
(INSATURÉS 4 G)

....

1 Préchauffez le four à 180 °C.

2 Dans un saladier, mélangez l'avoine, la farine de noix de coco, les flocons de noix de coco, le cacao en poudre et le sel.

3 Aux ingrédients secs, ajoutez la crème de noix de coco, 1 c. à café d'huile de noix de coco et le sirop de dattes. Pétrissez, jusqu'à l'obtention d'une pâte.

4 Graissez un ramequin avec le reste d'huile de noix de coco. Réservez quelques baies et répartissez les autres dans le fond du ramequin. Émiettez la pâte au-dessus des baies, sans chercher à l'aplatir. L'objectif est de conserver une surface irrégulière.

5 Disposez les baies réservées sur la pâte au chocolat. Enfournez pour 15 minutes et dégustez à même le ramequin !

Le crumble est la recette PRÉFÉRÉE d'Anna, celle qui a signé toutes les photographies de ce livre. Au départ, ce n'était pas encore une recette, mais une façon d'utiliser tout ce qui nous restait à la fin de nos séances de shooting. Anna était à ce point séduite par ce crumble, qu'elle me demandait toujours de le faire et le refaire. C'était évident, il s'agissait bien plus qu'une simple façon d'utiliser des restes. De belles surprises se cachent parfois là où nous ne les attendons pas.

KAISERSCHMARRN QUINOA
et amandes à la confiture maison

environ 30 minutes

› *40 g de quinoa non cuit*
› *1 œuf*
› *1 c. à café de graines de lin*
› *vanille en poudre*
› *1 c. à soupe de sucre de fleur
de coco*
› *50 ml de boisson végétale*
› *20 g d'amandes*
› *20 g de raisins secs*
› *huile de noix de coco*
› *sel*

GARNITURE :
› *50 g de confiture de baies
(voir recette page 213)*
› *1 c. à café de noix de coco
râpée*

VALEUR NUTRITION-
NELLE MOYENNE
564 KCAL. – PROTÉINES 21 G
– GLUCIDES 57 G – FIBRES
10 G – LIPIDES 27 G
(INSATURÉS 17 G)

1 Préparez la confiture de baies pour la garniture (voir recette page 213).

2 Rincez le quinoa dans une passoire. Laissez-le mijoter dans 2,5 fois son volume d'eau avec une pincée de sel, jusqu'à absorption complète de l'eau.

3 Entre-temps, dans un saladier, mélangez l'œuf, les graines de lin écrasées, une pincée de sel, la vanille et le sucre de fleur de coco. Ajoutez le quinoa et la boisson végétale. Mixez, jusqu'à l'obtention d'une pâte pas trop épaisse. Hachez les amandes et incorporez-les à la pâte, avec les raisins secs.

4 Dans une poêle à frire, mettez à chauffer 1 cuillère à café d'huile de coco et versez la pâte, afin de préparer un pancake. Dès que ce dernier commence à se détacher de la poêle, retournez-le, de façon à le dorer des deux côtés. Coupez-le en petits morceaux, transférez-les dans un bol. Servez avec de la noix de coco râpée et de la confiture.

Vous n'aviez jamais entendu parler de *Kaiserschmarrn* ? Il s'agit d'un dessert autrichien qui ressemble à une sorte de pancake émietté. Son nom seul me rappelle le ski et me met l'eau à la bouche. Ma recette ne serait probablement pas servie dans les chalets d'altitude en raison de tous les changements introduits. Nous sommes très loin de la recette originale ! Pas de farine, pas de beurre et pas de sucre glace, mais un quinoa très nutritif, des amandes croquantes et une confiture maison.

POMME RÔTIE
à la crème fraîche

environ 15 minutes

POUR LA CRÈME :

‣ *50 g de pois chiches en boîte*
‣ *50 g de pomme*
‣ *1 c. à café de pâte à tartiner au fruit à coque (par exemple noix de cajou ou amande)*
‣ *2 c. à soupe de boisson végétale (par exemple noix de cajou)*
‣ *1 c. à café de cannelle de Ceylan moulue*
‣ *un peu de noix muscade râpée*
‣ *½ c. à café de gingembre moulu*
‣ *10 g de raisins secs*
‣ *1 pincée de sel*

POUR LA POMME RÔTIE :

‣ *1 pomme*
‣ *1 c. à café d'huile de noix de coco*
‣ *½ c. à café de cannelle de Ceylan moulue*
‣ *1 trait d'eau*
‣ *50 g d'alternative végétale au yaourt*

1 Pour préparer la crème, rincez abondamment les pois chiches, puis pelez et épépinez la pomme. Au robot-mixeur, mixez les pois chiches, la pomme et le reste des ingrédients (à l'exception des raisins secs), jusqu'à l'obtention d'un mélange lisse. Ajoutez les raisins secs à la fin. Décollez la pâte qui a tendance à accrocher à la lame du robot.

2 Pour la pomme rôtie, lavez et épépinez la pomme, puis coupez-la en morceaux. Dans une poêle à frire, faites revenir les morceaux de pomme avec l'huile de coco et la cannelle. Ajoutez un trait d'eau, afin de disperser la cannelle et de ramollir la pomme. Trop d'huile nuirait à la saveur, donc préférez l'eau.

3 Servez la pomme rôtie avec la crème façon tarte aux pommes et une alternative au yaourt végétale de votre choix – pour ma part, aux noix de cajou ou à la noix de coco.

Un dessert pour toutes ces fois où la gourmandise vous assaille et où vous n'avez pas envie de chocolat… mais plutôt de quelque chose de léger et fruité. Cette recette me rappelle la tarte aux pommes de ma grand-mère, sans être une tarte. Le bol associe les saveurs de la tarte aux pommes, alors qu'il s'agit d'une crème et d'une pomme rôtie. De quoi satisfaire ses envies gourmandes sans culpabiliser ! Sans aucun ajout de sucre.

VALEUR NUTRITIONNELLE MOYENNE 298 KCAL. – PROTÉINES 7 G – GLUCIDES 36 G – FIBRES 8 G – LIPIDES 12 G (INSATURÉS 7 G)

FRUITS À LA SAUCE DIP
chocolat/avocat et à l'houmous sucré

environ 25 minutes

SAUCE DIP :

› *100 g d'avocat*

› *½ banane bien mûre*

› *3 c. à café de cacao en poudre*

VALEUR NUTRITION-NELLE MOYENNE

260 KCAL. – PROTÉINES 6 G – GLUCIDES 22 G – FIBRES 8 G – LIPIDES 17 G (INSATURÉS 12 G)

HOUMOUS SUCRÉ :

› *150 g de pois chiches en boîte*

› *2 dattes dénoyautées*

› *5 c. à soupe de boisson végétale*

› *½ c. à café de cannelle de Ceylan moulue*

VALEUR NUTRITION-NELLE MOYENNE

315 KCAL. – PROTÉINES 12 G – GLUCIDES 49 G – FIBRES 14 G – LIPIDES 5 G (INSATURÉS 4 G)

Le dessert idéal à partager avec des amis. Effet garanti sur une table ! La sauce dip crémeuse et richement chocolatée ne laisse pas soupçonner la présence d'avocat, avec cette approche inédite du populaire houmous version sucrée. Une recette aux ingrédients santé, comme les bananes mûres et les dattes, des fruits sucrés par nature. Veillez à ce que l'avocat et la banane soient aussi mûrs que possible, pour une sauce à la fois suave et crémeuse.

Préparation : lavez, dénoyautez, pelez et/ou coupez en morceaux les variétés de fruits de votre choix (environ 200 g par personne). Des morceaux de la grosseur d'une bouchée sont plus faciles à napper de sauce dip.

Sauce dip chocolat/avocat

Coupez l'avocat en deux et retirez le noyau. Prélevez la chair à l'aide d'une cuillère, puis écrasez-la finement à la fourchette. Mélangez la banane et l'avocat écrasés, puis ajoutez le cacao en poudre et remuez énergiquement. Si la consistance est trop épaisse ou le mélange difficile à manier, ajoutez un peu de boisson végétale.

Houmous sucré

Rincez les pois chiches à grande eau, puis pelez-les si souhaité. Hachez la datte au robot-mixeur, ajoutez les pois chiches, la boisson végétale et la cannelle, puis mixez à nouveau.

GÂTEAU NOIX DE COCO
et banane aux éclats de chocolat

environ 30 à 40 minutes

› *1 c. à café d'huile*
de noix de coco

› *1 œuf*

› *2 c. à soupe de farine*
de noix de coco

› *1 c. à soupe de noix*
de coco râpée

› *1 banane bien mûre*

› *vanille en poudre*

› *10 g de chocolat noir vegan*

› *2 pincées de sel*

› *facultatif : 1 c. café de sucre de*
fleur de coco

GARNITURE :

› *10 g de chocolat noir vegan,*
un peu de noix de coco râpée

* Si vos bananes ne sont pas assez
mûres, enfournez-les sans les peler
pour 20 minutes à 160 °C.
Cela accélérera le processus
de mûrissement : elles bruniront
en un rien de temps.

1 Préchauffez le four à 180 °C. Graissez un ramequin avec un peu d'huile de noix de coco.

2 Séparez le jaune du blanc d'œuf et battez ce dernier avec une pincée de sel, jusqu'à l'obtention d'une neige ferme. Dans un saladier, mélangez la farine de noix de coco, la noix de coco râpée et une pincée de sel.

3 Dans un autre saladier, mixez le jaune d'œuf avec la moitié de la banane et un peu de vanille en poudre, jusqu'à l'obtention d'une pâte lisse. Ajoutez si souhaité un peu de sucre de fleur de coco, puis incorporez la farine de coco.

4 Coupez le reste de banane et le chocolat en morceaux, puis incorporez-les délicatement à la pâte avec le blanc en neige. Sans attendre, transférez la pâte dans le ramequin graissé. Parsemez d'un peu plus de morceaux de chocolat et de banane, puis de noix de coco râpée. Enfournez pour 20 à 30 minutes.

Un gâteau à déguster à la cuillère à même le ramequin. De toutes les recettes de dessert, celle-ci est celle que préfèrent mes parents. Le blanc d'œuf monté en neige apporte un côté léger et aérien à la texture, sans l'ajout de levure en granulés ou en poudre. On a toujours procédé ainsi à la maison, pour tous nos gâteaux.

VALEUR NUTRITIONNELLE MOYENNE 436 KCAL. – PROTÉINES 14 G – GLUCIDES 33 G – FIBRES 12 G – LIPIDES 25 G (INSATURÉS 6 G)

CARROT CAKE
avec crème parfaite à l'amande croquante

environ 35 minutes

POUR LE GÂTEAU :

› *1 c. à café d'huile*
de noix de coco
› *1 œuf*
› *sel*
› *2 c. à soupe de farine d'épeautre*
› *½ c. à café de cannelle*
de Ceylan moulue
› *¼ de c. à café de gingembre*
› *un peu de noix muscade râpée*
› *1 à 3 c. à café de sucre*
de fleur de coco
› *1 carotte (environ 70 g)*
› *2 c. à soupe de boisson végétale*
› *20 g de fruits à coque*
› *10 g de raisins secs*

GARNITURE :

› *Crème parfaite à l'amande*

VALEUR NUTRITIONNELLE
TOTALE : 512 KCAL. – PRO-
TÉINES 17 G – GLUCIDES
50 G – FIBRES 10 G – LIPIDES
27 G (INSATURÉS 21 G)

1 Préchauffez le four à 180 °C. Graissez un ramequin avec un peu d'huile de noix de coco. Pour le gâteau, séparez le jaune et le blanc d'œuf, puis battez ce dernier avec une pincée de sel, jusqu'à l'obtention d'une neige ferme.

2 Dans un saladier, mélangez la farine d'épeautre avec la cannelle, le gingembre moulu, la noix muscade, le sucre de fleur de coco et un peu de sel.

3 Pelez la carotte, puis râpez-la. Incorporez la boisson végétale et le jaune d'œuf à la carotte.

4 Mixez ensemble les préparations de farine (étape 2) et de carotte râpée (étape 3). Hachez les fruits à coque et incorporez-les à la pâte, avec les raisins secs. Incorporez le blanc en neige et transférez la pâte dans le ramequin. Enfournez pour 20 minutes.

5 Entre-temps, préparez une crème parfaite à l'amande croquante (voir recette page 179) qui accompagnera le gâteau.

Pour moi, un livre de cuisine sans un carrot cake n'était pas envisageable. C'est mon péché mignon et je ne me lasse jamais de ce jeu de saveurs épicées et sucrées.

GÂTEAU : 362 KCAL. – PROTÉINES 13 G – GLUCIDES 36 G – FIBRES 7 G – LIPIDES 18 G (INSATURÉS 13 G)
CRÈME PARFAITE À L'AMANDE : 150 KCAL. – PROTÉINES 4 G – GLUCIDES 14 G – FIBRES 3 G – LIPIDES 9 G (INSATURÉS 8 G)

COOKIE À L'AVOINE
et aux myrtilles

30 à 40 minutes

> ‣ 1 c. à café d'huile
> de noix de coco
> ‣ 50 g d'avoine roulée
> ‣ 1 c. à café de graines de lin
> écrasées
> ‣ 1 c. à café de sucre
> de fleur de coco
> ‣ 1 pincée de sel
> ‣ 1 c. à café de fruits à coque
> moulus (par exemple amandes)
> ‣ 1 c. à café de beurre de
> cacahuètes (salé)
> ‣ 1 poignée de myrtilles
> ‣ 50 g d'alternative végétale
> au yaourt

GARNITURE :
> ‣ 1 c. à café de beurre
> de cacahuètes

Note

* Recommandé à tous les amateurs
de porridge !

1 Préchauffez le four à 180 °C. Graissez un ramequin avec un peu d'huile de noix de coco.

2 Dans un saladier, mélangez l'avoine, les graines de lin écrasées, le sucre de fleur de coco, le sel et les fruits à coque moulus. Incorporez le beurre de cacahuètes et pétrissez, jusqu'à l'obtention d'une pâte. Si vous utilisez un beurre de cacahuètes non salé, ajoutez éventuellement un peu de sel.

3 Incorporez l'alternative végétale au yaourt et enfin les myrtilles, fraîches ou surgelées. Transférez la pâte dans le ramequin. Laissez la pâte épouser naturellement la forme du ramequin, sans chercher à la tasser.

4 Enfournez pour 25 à 35 minutes dans le four préchauffé, le temps que la pâte croustille. Il n'est pas interdit d'ajouter un peu de beurre de cacahuètes en guise de garniture…

J'ai recommencé cette recette 10 à 15 fois, avant de trouver les bons ingrédients. Je tenais à y incorporer mon avoine adorée, comme dans mes gâteaux et cookies du chapitre Bols dessert, pour proposer une gourmandise vegan sans œufs. Après plusieurs tentatives, je retenais l'avoine roulée, les fruits à coque moulus et l'alternative au yaourt à la noix de coco, pour créer un parfait cookie.

VALEUR NUTRITIONNELLE MOYENNE 395 KCAL. – PROTÉINES 14 G – GLUCIDES 42 G – FIBRES 9 G – LIPIDES 18 G (INSATURÉS 15 G)

DOUCEUR
à la patate douce

40 à 70 minutes

› *1 patate douce moyenne*
(environ 200 g)

GARNITURE :
› *10 g de noix de pécan, 1 c. à café de grué de cacao, mûres et raisins secs, cannelle de Ceylan moulue et 2 c. à café de miel*

VALEUR NUTRITION-NELLE MOYENNE
366 KCAL. – PROTÉINES 5 G – GLUCIDES 62 G – FIBRES 9 G – LIPIDES 11 G (INSATURÉS 8 G)

* La couleur de la patate douce tient à sa teneur en bêta-carotène. Notre organisme le transforme en vitamine A, favorisant la santé des yeux et l'éclat de la peau. Cela explique aussi que les traitements cutanés de l'acné soient souvent à base de vitamine A.

1 Préchauffez le four à 180 °C.

2 Lavez la patate douce et piquez-la à la fourchette. Placez-la sur une plaque de cuisson chemisée de papier sulfurisé et enfournez-la.

3 Selon sa grosseur, comptez de 30 à 60 minutes de cuisson. Vérifiez la cuisson en piquant la pointe d'un couteau dans la chair, qui pénètre facilement lorsque la patate douce est cuite.

4 Retirez-la du four, coupez-la en deux et ouvrez-la. Pour une consistance plus aérée, détachez la chair à la fourchette.

5 Garnissez la patate douce de tout ce dont vous avez envie. J'aime y ajouter raisins secs, noix de pécan, grué de cacao, baies, cannelle et miel.

6 La patate douce est encore meilleure chaude. Dégustez sa chair à la cuillère ou consommez-la avec la peau.

L'incarnation même de l'aliment sain et naturel. Cette recette suffit à prouver que la saveur de la patate douce se marie aussi bien au salé qu'au sucré. Pour une version vegan, remplacez le miel par du sirop d'érable.

BROWNIE
à la courgette et à la pomme

....

environ 2 heures

- › *1 c. à café d'huile de noix de coco*
- › *1 c. à café de graines de lin*
- › *30 g de farine de cacahuètes*
- › *1 grosse pincée de sel*
- › *2 c. à café de cacao maigre*
- › *80 g de courgette*
- › *2 à 3 dattes dénoyautées*
- › *50 g de compote de pommes*
- › *vanille en poudre*
- › *50 g de pomme*

GARNITURE :

- › *1 c. à café de grué de cacao,*
1 c. à café de noisettes hachées,
1 c. à café de sirop de dattes

.... *Info* ....

* Ce bol couvre presque 50 % de l'apport recommandé en fibres ! Les fibres stimulent la digestion, apportent un sentiment de satiété durable et participent à la santé du microbiote intestinal.

1 Préchauffez le four à 180 °C. Graissez un ramequin avec un peu d'huile de noix de coco.

2 Mettez les graines de lin à tremper dans de l'eau chaude et laissez-les doubler de volume. Dans un saladier, mélangez la farine de cacahuètes (ou d'amandes, au choix), le sel et le cacao en poudre. Lavez et râpez la courgette.

3 Au robot-mixeur ou au robot de cuisine, mixez les dattes, jusqu'à l'obtention d'une purée lisse. Ajoutez la compote de pommes, la vanille et les graines de lin. Mixez. Dans un saladier, incorporez la farine aux courgettes râpées, ajoutez la purée de dattes et pétrissez, jusqu'à l'obtention d'une pâte lisse. Parez et coupez la pomme en petits morceaux, puis incorporez-les à la pâte. Réservez quelques morceaux de pomme pour la garniture.

4 Transférez la pâte dans le ramequin. Parsemez de grué de cacao, de noisettes hachées et de morceaux de pomme. Enfournez pour environ 40 minutes, puis retirez du four et laissez refroidir au minimum 1 heure. Arrosez d'un peu de sirop de dattes avant de servir.

Une recette légère, crémeuse et d'une délicate douceur. Et la courgette dans tout cela ? Elle apporte légèreté, volume et moelleux, sans modifier les saveurs

VALEUR NUTRITIONNELLE MOYENNE 430 KCAL. – PROTÉINES 23 G – GLUCIDES 49 G – FIBRES 14 G – LIPIDES 12 G (INSATURÉS 7 G)

BROWNIE AU CHOCOLAT
et aux haricots mungo

30 à 45 minutes

› *1 c. à café d'huile de noix de coco*

› *10 g de graines de lin écrasées*

› *200 g de haricots mungo (noirs) en boîte*

› *3 c. à café de cacao maigre en poudre nature*

› *1 grosse pincée de sel*

› *vanille en poudre*

› *30 g de sirop de dattes (pour plus de douceur : 40 à 50 g)*

GARNITURE :

› *20 g de copeaux de chocolat noir vegan, 10 g de noix de pécan*

VALEUR NUTRITIONNELLE MOYENNE
541 KCAL. – PROTÉINES 17 G – GLUCIDES 53 G – FIBRES 16 G – LIPIDES 24 G (INSATURÉS 11 G)

1 Préchauffez le four à 180 °C. Graissez un ramequin avec un peu d'huile de noix de coco.

2 Mettez les graines de lin à tremper dans de l'eau chaude et laissez-les doubler de volume. Entre-temps, rincez les haricots mungo, avant de les mixer avec le cacao en poudre, le sel, un peu de vanille et le sirop de dattes, jusqu'à l'obtention d'une pâte lisse. Ajoutez les graines de lin et remuez.

3 Transférez la pâte à brownie dans le ramequin graissé, parsemez de copeaux de chocolat et de noix de pécan. Enfournez pour 20 à 30 minutes. Retirez du four et dégustez !

Le goût de ce brownie est-il à la hauteur de son aspect ? OUI ! Je suis toujours surprise de la façon dont les haricots mungo parviennent à apporter cette incroyable texture à mon brownie. Certes, je ne suis pas la seule à connaître cette astuce – les brownies aux haricots secs sont un dessert populaire, notamment dans la communauté vegan. Leurs qualités diététiques sont évidentes, mais sans aucune douceur. Ajoutez une dose généreuse de sirop de dattes ou utilisez du sucre de fleur de coco. Sachez que les haricots secs sont parfaitement adaptés à la préparation de desserts – je vous le promets.

Substituts : les haricots mungo sont parfaits, mais vous pouvez les remplacer par des haricots rouges.

Bowls pour accompagner

6

J'ai réuni dans ce chapitre tous mes accompagnements, garnitures et sauces dip préférés – de quoi compléter et parfaire les recettes de bowls. Les ingrédients sollicités, comme la confiture ou le granola, sont en règle générale disponibles dans toutes les grandes surfaces. Ces recettes se préparent en un rien de temps. Mais pourquoi sont-elles si extraordinaires ? En fait, vous savez exactement ce qui entre dans leur composition, vous pouvez ainsi être sûr que la qualité sera au rendez-vous !

RAWNOLA PREMIUM

....

Préparation :

1 Remplissez un grand verre d'eau et diluez-y le jus de citron ou le vinaigre de cidre. Ajoutez le sarrasin et laissez-le tremper toute une nuit. Rincez les graines à grande eau, car elles auront généré de la mousse. Séchez-les sur du papier absorbant.

2 Mettez les fruits à coque et les graines à tremper dans de l'eau avec un peu de sel, de préférence toute une nuit ou au minimum 6 heures. Rincez et séchez le tout.

3 Mettez les graines de lin (entières ou écrasées) à tremper quelques heures dans deux fois leur volume d'eau froide ou, plus rapide, d'eau chaude. Dans ce cas, comptez 10 minutes de trempage, le temps que les graines gonflent. Inutile de les rincer.

environ 15 minutes
+ trempage toute une nuit

······································

POUR 150 G

······································

› *1 c. à café de jus de citron*
ou de vinaigre de cidre
› *20 g de sarrasin, non cuit*
› *30 g de fruits à coque (amandes*
et noix de cajou)
› *10 g de grosses graines*
(par exemple graines de citrouille
et de tournesol)
› *sel*
› *2 dattes dénoyautées*
› *10 g de flocons de noix de coco*
› *1 c. à café de cannelle*
de Ceylan moulue
› *vanille en poudre*
› *10 g de petites graines*
(par exemple graines de lin
et de chanvre)
› *10 g de baies séchées*
(par exemple mûres)
› *10 g de quinoa soufflé*
ou d'avoine soufflée

······ *Astuce* ······

* Si vous digérez mal
les fruits à coque et les
graines, mettez-les à tremper
avant utilisation, afin de les
rendre plus digestes.

Mise en œuvre :

1 Réduisez les dattes en une purée lisse au robot de cuisine ou au robot-mixeur.

2 Ajoutez le sarrasin, les fruits à coque, les grosses graines, les flocons de noix de coco, la cannelle et la vanille. Mixez jusqu'à l'obtention d'une texture régulière, avec les fruits à coque grossièrement hachés.

3 Ajoutez les petites graines, les baies et le quinoa soufflé – ou éventuellement de l'avoine soufflée. Si vous préférez un Rawnola à fine texture, mixez à nouveau brièvement. Pour une texture plus grossière, contentez-vous d'intégrer les ingrédients en remuant à la cuillère.

4 Selon le degré de sécheresse du sarrasin et des fruits à coque au moment de leur ajout, la consistance du rawnola peut varier. Si ce dernier est trop humide, étalez-le sur une plaque chemisée de papier sulfurisé et laissez-le reposer dans un endroit ventilé. Pour conserver le Rawnola, stockez-le dans un récipient hermétique, dans un endroit frais et consommez-le dans la semaine.

La recette exige un peu de préparation, mais ce rawnola premium concentre des trésors de bienfaits pour la santé. Fruits à coque, graines et céréales sont riches en fibres. Néanmoins, elles renferment aussi des anti-nutriments qui peuvent être source de douleurs abdominales et de ballonnements. Un trempage préalable neutralise ces anti-nutriments et assure l'assimilation des « bons nutriments ».

······································

VALEUR NUTRITIONNELLE MOYENNE/100 G 385 KCAL.
– PROTÉINES 11 G – GLUCIDES 39 G – FIBRES 7 G – LIPIDES 19 G
(INSATURÉS 14 G)

RAWNOLA FRUITÉ
— en moins de 10 minutes !

environ 10 minutes

POUR 150 G

› 10 g de graines de lin écrasées
› 2 c. à soupe d'eau chaude
› 2 dattes dénoyautées
› 40 g d'avoine
› 20 g de baies de goji
› 20 g de rondelles de pommes séchées
› 10 g de grué de cacao
› 1 grosse pincée de sel
› 1 grosse pincée de cannelle de Ceylan moulue

VALEUR NUTRITION-
NELLE MOYENNE/100 G
332 KCAL. – PROTÉINES 8 G
– GLUCIDES 54 G – FIBRES
14 G – LIPIDES 9 G
(INSATURÉS 6 G)

1 Mettez les graines de lin écrasées à tremper 5 minutes dans de l'eau chaude. Entre-temps, réduisez les dattes en une purée lisse au robot de cuisine ou au robot-mixeur. Si les dattes sont trop fermes, mettez-les à tremper avant de les mixer.

2 Au robot de cuisine ou au mixeur, mélangez la moitié de l'avoine, les graines de lin et la purée de dattes. Un robot-mixeur réduirait trop finement les ingrédients. Mélangez jusqu'à l'obtention d'une préparation homogène.

3 Ajoutez le reste des ingrédients et mixez, jusqu'à l'obtention de la consistance souhaitée. Plus vous mixerez, plus le mélange sera homogène. Je préfère conserver quelques gros morceaux dans mon rawnola.

4 Servez et dégustez le rawnola ou laissez-le reposer 1 à 2 heures dans un endroit sec. Vous pouvez accélérer le processus en utilisant un déshydrateur alimentaire. Conservez le reste de rawnola dans un récipient hermétique, au réfrigérateur. Sans vouloir m'avancer, je peux dire que mon rawnola conserve toute sa saveur jusqu'à 1 à 2 semaines. En général, il est meilleur le lendemain de sa préparation, quand il a perdu en humidité.

Tout le monde connaît le GRANOLA. Cette recette est son équivalent, non cuit. Ainsi, tous les nutriments et vitamines restent intacts, non détruits par la chaleur. J'ai utilisé cette recette pour préparer mon bowl de rawnola du petit déjeuner (voir page 79).

CHIPS VEGGIE
au four

environ 30 minutes

› *100 g de courgette*
› *100 g de betterave crue*
› *100 g de carotte*
› *100 g de patate douce*
› *un peu d'huile d'avocat*
  ou de noix de coco
› *sel et poivre*
› *paprika doux*

VALEUR NUTRITION-
NELLE MOYENNE
238 KCAL. – PROTÉINES
5 G – GLUCIDES 42 G –
FIBRES 9 G – LIPIDES 5 G
(INSATURÉS 3 G)

Astuce

* Les légumes à teneur importante
en eau doivent être séchés au
papier absorbant avant cuisson.
Émincez les légumes plus secs
en tranches plus épaisses
(2 à 3 mm).

1 Préchauffez le four à 200 °C.

2 Nettoyez et si nécessaire pelez les légumes crus, puis émincez-les très finement.

3 Badigeonnez les tranches d'un peu d'huile, à l'aide d'un pinceau à pâtisserie. N'utilisez pas trop d'huile, au risque de faire perdre tout leur croquant aux chips. Vous pouvez ne pas utiliser d'huile du tout. La différence de saveur est minime, mais les chips auront tendance à brûler plus rapidement lors de la cuisson au four.

4 Saupoudrez les tranches de sel et d'épices, puis répartissez-les uniformément sur une plaque de cuisson chemisée de papier sulfurisé. Les tranches ne doivent pas se chevaucher ou coller les unes aux autres.

5 Enfournez pour 10 minutes, puis retournez les chips et poursuivez la cuisson 5 à 10 minutes. Surveillez attentivement la cuisson lors des dernières minutes ! La durée peut varier selon l'épaisseur des tranches.

Envie de quelque chose à grignoter en regardant la télé ? Pas de problème, même si les boutiques sont fermées. Utilisez des légumes que vous avez en réserve pour créer des chips. Elles n'auront pas vraiment le goût de légumes et sauront satisfaire vos petites faims sans culpabiliser.

FRITES
de pomme de terre et de patate douce

40 à 50 minutes

- › *200 g de patates douces*
- › *200 g de pommes de terre*
- › *3 c. à café d'huile d'avocat
  ou de noix de coco*
  - › *sel*
  - › *poivre*
  - › *paprika doux*
  - › *cumin moulu*
- › *piment en poudre*

VALEUR NUTRITION-
NELLE MOYENNE/100 G
138 KCAL. – PROTÉINES
2 G – GLUCIDES 20 G –
FIBRES 3 G – LIPIDES 6 G
(INSATURÉS 4 G)

Info

* La patate douce contient un
peu plus de sucre que la pomme de
terre, mais son indice glycémique
est plus bas et sa teneur en fibres
plus élevée. Elle permet de réguler
le taux de sucre sanguin et apporte
un sentiment de satiété durable.

1 Préchauffez le four à 180 °C.

2 Nettoyez et si nécessaire pelez les pommes de terre et les patates douces, puis coupez-les en longues lanières. Mélangez-les dans un saladier avec un peu d'huile d'avocat ou de noix de coco. Attention à ne pas utiliser trop d'huile, au risque de vous retrouver avec des frites non pas croustillantes, mais molles et informes !

3 Pour les épices, choisissez selon vos goûts. Vous trouverez quelques classiques dans la liste des ingrédients. Saupoudrez les lanières de pomme de terre et remuez.

4 Étalez uniformément les lanières de pommes de terre et de patates douces sur une plaque de cuisson chemisée de papier sulfurisé, sans qu'elles se chevauchent ni se touchent. Enfournez pour 30 à 40 minutes.

Qui n'aime pas les frites ? La réputation de ces frites croustillantes à souhait a souffert de l'image renvoyée par l'industrie de la malbouffe. Elles ne sont plus aujourd'hui synonymes d'aliment de qualité. Généralement, cela tient à leur mode de cuisson dans un bain de friture à l'huile de piètre qualité. Pourtant, la pomme de terre est un tubercule aux multiples bienfaits, quand il est cuit au four de façon très saine, dans très peu d'huile de qualité supérieure.

P.-S. : Personne ne s'est jamais plaint de la saveur trop « neutre » et diététique de frites au four. Pas même les hommes de ma famille.

CONFITURE DE BAIES
zéro sucre

....

environ 15 minutes

....

POUR 300 G

....

› *300 g de baies*
(surgelées ou fraîches)
› *3 à 4 c. à café de graines*
de chia (ou 2 c. à café de graines
de chia et 2 c. à café de cosses
de psyllium)
› *1 trait de jus de citron*
› *facultatif : sirop d'agave,*
d'érable ou de dattes

....

VALEUR NUTRITION-
NELLE MOYENNE/100 G
58 KCAL. – PROTÉINES 2 G
– GLUCIDES 8 G – FIBRES
3 G – LIPIDES 1 G
(INSATURÉS 1 G)

.... *Info* ....

* À conserver au réfrigérateur
et à consommer dans les 3 à 4 jours
qui suivent son ouverture.

....

1 Dans une casserole, mettez à chauffer les baies sur feu doux, en remuant régulièrement, jusqu'à évaporation complète du liquide. Écrasez les baies les plus grosses tout en remuant.

2 Incorporez les graines de chia et le jus de citron dans cette purée. Laissez mijoter sur feu doux. Éventuellement, remplacez la moitié des graines de chia par des cosses de psyllium. Ne forcez pas sur la dose, au risque de voir le mélange devenir collant.

3 Pour une saveur plus suave, ajoutez un peu d'édulcorant, comme le sirop de dattes. L'ajout de 2 à 3 c. à café ou même à soupe n'est rien comparé à la quantité de sucre généralement ajoutée dans les confitures ! Si vous préférez une confiture lisse, sans morceaux de baies, mixez-la au robot à ce stade.

4 Transférez la confiture encore chaude dans un bocal et vissez hermétiquement le couvercle. En refroidissant, un vide se crée et permet de conserver la confiture de 1 à 2 semaines.

Normalement, la confiture apparaît comme un aliment sain et fruité, mais rien n'est moins vrai. Les confitures du commerce et même la confiture maison de nos grands-mères contiennent généralement près de 50 % de sucre ajouté ! Il est rare de trouver une confiture affichant une teneur en fruits de 75 %. Avec ma recette, vous obtiendrez une confiture à texture comparable, grâce aux propriétés de gonflement des graines et des cosses. Sans sucre, cette confiture se conserve plus longtemps, mais il suffit de la goûter pour se dire que ce dernier point de détail n'a pas grande importance.

CONFITURE DE FIGUES

....

VALEUR NUTRITIONNELLE MOYENNE/100 G. 336 KCAL. – PROTÉINES 5 G
– GLUCIDES 30 G – FIBRES 7 G – LIPIDES 23 G (INSATURÉS 19 G)

environ 15 minutes

POUR 300 G

....

> *90 g de noix de pécan*
> *2 à 3 rondelles de gingembre frais*
> *600 g de figues fraîches, mûres*
> *1 trait de jus de citron*

Note

* *Dans un pot hermétiquement
fermé, la confiture se conserve
4 à 5 semaines au réfrigérateur.
Après ouverture, consommez-la
dans les 3 à 4 jours qui suivent.*

1. Hachez les noix de pécan et les rondelles de gingembre.
Pelez les figues et coupez-les en morceaux.

2. Mettez le tout à chauffer dans une casserole, sur feu doux
avec le jus de citron. Les figues libéreront du liquide. Laissez
mijoter 10 minutes, tout en remuant et en écrasant les figues.

3. Saupoudrez de vanille, de cannelle et éventuellement
d'une pincée de sel.

4. Transférez la confiture encore chaude dans un bocal
et vissez le couvercle. En refroidissant, un vide se crée
et scelle le couvercle. Si vous procédez correctement,
vous entendrez un « clac » caractéristique au moment
de l'ouverture du bocal.

PESTO AUX ÉPINARDS

VALEUR NUTRITIONNELLE MOYENNE 309 KCAL. – PROTÉINES 4 G
– GLUCIDES 3 G – FIBRES 2 G – LIPIDES 31 G (INSATURÉS 26 G)

environ 10 minutes

POUR 100 G

- *40 g de pousses d'épinards*
- *20 g d'olives dénoyautées*
- *20 g de noix*
- *1,5 c. à soupe d'huile (par exemple huile d'olive, de graines de lin ou de chanvre)*
- *1 c. à café de jus de citron*
- *sel et poivre*
- *facultatif : 1 c. à café de flocons de levure ou de parmesan râpé*

1. Lavez, séchez et déchiquetez les pousses d'épinards. Coupez les olives en petits morceaux et hachez les noix.

2. Transférez tous les ingrédients dans le bol d'un robot-mixeur et mixez finement le tout. Pour une consistance plus granuleuse et croquante, ajoutez les noix un peu plus tard en cours de mixage, de façon à retrouver quelques morceaux plus gros dans le pesto.

3. Les flocons de levure ou le parmesan râpé ne sont pas obligatoires, mais ils sont délicieux !

4. Goûtez, assaisonnez et conservez dans un bocal hermétique au réfrigérateur. Je trouve que 2 jours après, le pesto est encore meilleur, lorsque tous les ingrédients se sont mêlés et que leurs saveurs ont infusé dans tout le pesto.

HOUMOUS EN 5 SAVEURS

················· environ 10 minutes ·················

Rincez les pois chiches à grande eau, avant de les peler si vous préférez. Autre solution, mettez-les à tremper une nuit. Au robot-mixeur, mixez-les avec le tahini, l'huile d'olive (pour une version hypocalorique préférez une boisson végétale), le jus de citron, le sel, les ingrédients de l'assaisonnement et éventuellement l'ail, jusqu'à l'obtention d'un mélange lisse. Ajoutez les autres ingrédients de la liste, selon la saveur choisie. En règle générale, vous aurez à décoller régulièrement la purée des parois du bol, pour obtenir une consistance uniforme. Si le mélange est trop sec, ajoutez une cuillerée supplémentaire d'huile ou de boisson végétale.

CLASSIQUE

AVEC HUILE D'OLIVE : 244 KCAL. – PROTÉINES 7 G – GLUCIDES 13 G – FIBRES 7 G – LIPIDES 16 G (INSATURÉS 15 G)
AVEC BOISSON VÉGÉTALE : 165 KCAL. – PROTÉINES 7 G – GLUCIDES 13 G – FIBRES 7 G – LIPIDES 8 G (INSATURÉS 8 G)

> *80 g de pois chiches en boîte*
> *1 c. à soupe de tahini*
> *1 petite c. à soupe d'huile d'olive ou 1 c. à soupe de boisson végétale*
> *1 trait de jus de citron*
> *1 grosse pincée de sel*
> *½ c. à café de cumin moulu*
> *poivre*
> *facultatif : ail*

MÉDITERRANÉEN

AVEC HUILE
D'OLIVE :
259 KCAL.
- PROTÉINES 6 G
- GLUCIDES 10 G
- FIBRES 6 G
- LIPIDES 20 G
(INSATURÉS 18 G)

> *50 g de pois chiches en boîte*
> *1 c. à soupe de tahini*
> *1 petite c. à soupe d'huile d'olive ou 1 c. à soupe de boisson végétale*
> *1 trait généreux de jus de citron*
> *1 grosse pincée de sel*
> *origan séché*
> *romarin séché*
> *poivre*
> *facultatif : ail*
> *20 g d'olives*
> *10 g de tomates séchées*

ROSE

AVEC HUILE
D'OLIVE :
227 KCAL.
- PROTÉINES 6 G
- GLUCIDES 12 G
- FIBRES 6 G
- LIPIDES 16 G
(INSATURÉS 14 G)

> *60 g de pois chiches en boîte*
> *1 c. à soupe de tahini*
> *1 petite c. à soupe d'huile d'olive ou 1 c. à soupe de boisson végétale*
> *1 trait généreux de jus de citron*
> *1 grosse pincée de sel*
> *½ c. à café de cumin moulu*
> *poivre*
> *facultatif : ail, 20 g de betterave (crue ou cuite)*

PETITS POIS ET NOIX DE CAJOU

AVEC HUILE
D'OLIVE :
229 KCAL.
- PROTÉINES 8 G
- GLUCIDES 15 G
- FIBRES 6 G
- LIPIDES 15 G
(INSATURÉS 12 G)

> *40 g de pois chiches en boîte*
> *1 c. à soupe de pâte à tartiner aux noix de cajou (ou tahini)*
> *1 petite c. à soupe d'huile d'olive ou 1 c. à soupe de boisson végétale*
> *1 trait de jus de citron*
> *1 grosse pincée de sel*
> *½ c. à soupe de cumin moulu*
> *poivre*
> *facultatif : ail, 40 g de petits pois*

PATATE DOUCE ET GINGEMBRE

AVEC HUILE
D'OLIVE :
241 KCAL.
- PROTÉINES 6 G
- GLUCIDES 17 G
- FIBRES 6 G
- LIPIDES 16 G
(INSATURÉS 14 G)

> *50 g de pois chiches en boîte*
> *1 c. à soupe de tahini*
> *1 petite c. à soupe d'huile d'olive ou 1 c. à soupe de boisson végétale*
> *1 trait généreux de jus de citron*
> *1 grosse pincée de sel*
> *1 grosse pincée de poivre*
> *½ c. à soupe de cumin moulu*
> *3 à 4 rondelles de gingembre frais émincé (ou gingembre moulu)*
> *facultatif : ail, 30 g de patate douce (cuite à l'eau ou vapeur)*

A

Açaï, purée 40, 95, 97
Ail 24, 26, 27, 167, 216, 217
Alternative au yaourt
  à la noix de coco 111, 187,
  195, 197
  aux noix de cajou 111, 121,
  125, 187, 195
Amandes 34, 36, 38, 39, 71,
81,85, 95, 105, 163, 179, 181,
185, 193, 195, 205
Avocat 23, 26, 36, 37, 55, 59,
83, 87, 91, 101, 109, 123, 127,
133, 161, 189, 222
Avoine 29, 34, 42, 51, 67, 69,
71, 73, 75, 145, 147, 181, 183,
195, 205, 207

B

Baies de goji 40, 41, 163, 207
Banane 19, 21, 44, 54, 59, 60,
62, 67, 69, 71, 75, 81, 83, 85,
95, 103, 107, 113, 115, 175, 177,
179, 189, 191
Betterave 23, 101, 139, 150,
151, 165, 209, 217
Blé 28, 29, 49
Bœuf 33, 119, 120, 121
Brocoli 23, 26, 123, 140, 141

C

Cacahuètes 30, 38, 39, 69, 141,
193, 205
Cacao en poudre 59, 83, 97,
107, 113, 115, 179, 183, 189,
199, 201
Carotte 23, 26, 137, 140, 141,
143, 144, 145, 151, 153, 154,
155, 165, 167, 193, 209
Champignons 22, 23, 26, 89,
91, 137, 139, 140, 141, 144, 145,
153, 154, 155, 157

Chocolat 113, 175, 191, 201
Citron jaune 20, 87, 125, 127, 129,
131, 135, 139, 145, 148, 161, 163,
167, 169, 204, 205, 213, 214, 215,
216, 217
Concombre 18, 22, 23, 26, 161,
165, 167
Cosses de psyllium 60, 111, 213
Courge 24, 26, 77, 113, 137, 140,
141, 144, 145, 171
Courgette 24, 26, 59, 60, 62, 89, 91,
107, 109, 119, 129, 130, 131, 137,
143, 151, 153, 157, 159, 165, 199,
209
Curcuma en poudre 41, 103,
125, 143

D

Datte 19, 44, 51, 60, 99, 101,
109, 115, 135, 179, 189, 199,
205, 207

E

Eau de coco 59, 107, 109
Épinards 24, 26, 87, 91, 101, 109,
123, 124, 125, 131, 137, 139, 153,
157, 159, 169, 215

F

Farine d'amande 62, 131, 181,
199
Farine de noix de coco 62, 131,
183, 191, 199
Figue 19, 21, 73, 77, 181, 214
Flocons de noix de coco 85, 95,
107, 113, 179, 183, 185, 191, 205
FRAISE 18, 19, 21, 60, 69, 95, 97,
101, 105, 179, 183, 213
Framboises 18, 19, 54, 60,
69, 83, 95, 97, 101, 105, 107,
183, 213

G

Gingembre (frais) 41, 71, 73, 103,
143, 171, 214, 217
Graines
  de citrouille 39, 71, 139, 161,
  171, 205
  de chanvre 28, 35, 39, 41, 59, 71,
  109, 139, 145, 205
  de chia 36, 39, 40, 41, 83, 213
  DE LIN 36, 38, 39, 40, 41, 59, 60,
  71, 73, 75, 101, 107, 111, 185,
  195, 199, 201, 204, 205, 207
  de tournesol 38, 137, 147, 205
Grué de cacao 73, 97, 107, 115,
179, 197, 199, 207

H

Haricots 23, 26, 30, 139, 143, 147,
148, 201

L

Lait de coco 35, 81, 83, 85, 99,
131, 151, 171, 179, 183
Lait végétal 30, 34, 35, 60, 6 7, 69,
71, 73, 75, 77, 79, 83, 95, 97, 99,
101, 103, 105, 111, 113, 115, 121,
129, 135, 139, 147, 161, 163, 167,
169, 171, 181, 185, 187, 189, 193,
216, 217
Laitue 23, 26, 121, 127, 135, 145,
147, 148, 161, 163, 165
Lentilles 23, 30, 31, 147, 154, 155,
157

M

Maïs 28, 29, 119, 131, 137
Mandarine 18, 20, 189
Mangue 18, 20, 21, 60, 97, 103,
109, 165
Mûres 18, 19, 40, 60, 95, 101, 105,
183, 197, 213

Myrtilles 18, 19, 40, 60, 69, 95, 97, 99, 101, 105, 163, 183, 195, 213

N

Noisettes 38, 39, 71, 75, 81, 193, 195, 199
Noix 36, 38, 39, 153, 159, 193, 195, 205
Noix de cajou 38, 39, 125, 147, 148, 169, 193, 205
Noix de pécan 38, 73, 135, 193, 197, 201, 214

O

Œuf 85, 87, 89, 91, 129, 130, 131, 137, 145, 185, 191, 193
Oignon 24, 26, 130, 131, 137, 155
Olives 36, 37, 91, 154, 155, 159, 215
Orange 18, 20, 189

P

Patate douce 24, 60, 99, 128, 129, 135, 147, 150, 151, 197, 209, 211, 217

Pâte à tartiner
  aux amandes 61, 85, 105, 113, 179, 187
  aux cacahuètes 61, 67, 69, 175, 195
  aux noisettes 115, 175, 179
  aux noix de cajou 61, 187, 217
Pâtes 62, 154, 155
Pêche 20, 26, 101
Pignons 38, 121
Poire 18, 20, 21, 26, 81, 85, 135, 181
Pois 23, 26, 30, 31, 51, 60, 137, 141, 169, 217
Pois chiches 30, 31, 87, 139, 153, 163, 167, 175, 187, 189, 216, 217
POIVRON 18, 22, 24, 26, 91, 154, 155, 167
Pollen d'abeille 97, 101, 103, 105
Pomme 18, 19, 21, 26, 69, 71, 73, 81, 111, 151, 163, 181, 187, 189, 199, 207
Pomme de terre 24, 26, 147, 211
Poulet 33, 123, 124, 125, 127, 128, 129, 133
Protéines en poudre 59, 99, 101, 107, 138
Prunes 18, 20, 21, 26, 71, 181

Q

Quinoa 28, 29, 31, 50, 51, 55, 62, 77, 127, 137, 139, 143, 144, 145, 161, 163, 185
Quinoa soufflé 60, 205

R

Radis 24, 26, 120, 121, 127, 151, 161, 165, 167
Raisin 19, 21, 71, 77, 81, 163, 181, 189
Raisins secs 45, 75, 81, 185, 187, 193, 197
Riz 28, 29, 31, 42, 62, 119, 124, 125, 130, 131, 133, 141

S

Sarrasin 28, 29, 81, 89, 204, 205
Spiruline en poudre 32, 36, 41, 109

T

Tahini 87, 129, 139, 167, 216, 217
Tomate 18, 22, 24, 25, 26, 87, 89, 91, 120, 121, 123, 127, 129, 145, 153, 155, 159, 161, 167

AVERTISSEMENT

Tous les conseils nutritionnels de ce livre se basent sur l'état actuel des connaissances nutritionnelles. Néanmoins, parce que les pratiques, les lois et la réglementation évoluent sans cesse, le lecteur doit veiller à obtenir les informations les plus récentes sur ces questions. Les textes de ce livre visent le grand public : ils ne peuvent se substituer à l'avis d'un diététicien professionnel ou à un traitement. En aucun cas, l'éditeur ou l'auteur ne sauraient être tenus pour responsables de pertes, blessures ou dommages de toutes sortes résultant d'erreurs ou d'omissions se rapportant à l'information contenue dans ce livre.

REMERCIEMENTS

Comme chacun le sait, trop de cuisiniers gâtent la sauce…

....

… ce qui serait un comble pour un livre de cuisine ! Ainsi, n'ont-ils été que quelques-uns réunis autour de moi à la conception de ce livre. Je tiens à leur exprimer ma plus vive reconnaissance. MERCI !

Combien de fois ai-je lancé un regard de colère à ma mère, quand elle me disait (une fois de plus) : « Je pense que tu pourrais faire mieux avec cette recette ». Et à l'évidence, alors même que j'aurais préféré ne pas entendre régulièrement cette phrase, il apparut au final que ce perfectionnisme en valait la peine. Maman, je te remercie non seulement pour ça, mais aussi pour ta persévérance lors de la vérification et de la sélection de toutes les photographies de ce livre signées de moi. Je sais que la photo du bol de légumes numéro 100 et celle de moi, assise dans le jardin numéro 200, sont presque identiques… mais je sais aussi pouvoir compter sur la pertinence de ton avis quand je te le demande. Même à deux heures du matin.

De même, je tiens à remercier Anna, auteur de toutes les photographies de moi dans ce livre. Notre amitié s'appuie sur une joyeuse complicité et nous n'aurions jamais pu réaliser et éditer ces centaines de clichés sans cela. La photographie de couverture en particulier fut pour moi une vraie leçon. Aussitôt prise (sur le vif), Anna la sélectionna pour la couverture. Mais pour moi, il fallut deux séances de shooting de plus pour me rendre compte au final qu'Anna était dans le vrai depuis le début.

Je ne remercierai jamais assez mon éditeur, Community Editions. Je doute qu'il soit courant de bénéficier d'autant de liberté, d'aide et de compréhension, aussi ai-je véritablement apprécié cette merveilleuse collaboration.

Un merci tout particulier à mon frère Dennis et à Daniela, deux soutiens de choix dans ma vie, qui répondent toujours présents quand il s'agit de regarder un énième documentaire inspirant. Ainsi se développèrent notre compréhension et notre prise de conscience des problèmes liés à la surpêche, à la pollution due au plastique ou à la culture des avocats…

Enfin, un grand merci à vous tous. Merci de vous être engagés dans cette aventure nutritionnelle. J'espère qu'une ou deux informations de ce livre réussiront à vous surprendre et à vous faire réagir. Je serais parfaitement heureuse en sachant que vous cuisinerez quelques-unes de mes recettes, que vous préférerez l'alternative locale aux produits de grandes surfaces, que vous renoncerez pour un temps à la viande ou au poisson, par souci de l'environnement. Peu importe si votre première tentative n'est pas parfaite, l'objectif est aussi de prendre du plaisir à cuisiner. J'ai moi-même laissé brûler bien des aliments par le passé. N'en faites pas un drame, mais voyez-y comme une invitation à vous remettre aux fourneaux !

À PROPOS DE L'AUTEUR

Pamela est l'une des influenceuses fitness et lifestyle les plus suivies en Allemagne. À 16 ans, Pamela se découvrait une passion pour la musculation. À la même époque, elle se mettait à la photographie et partageait ses clichés sur Instagram. Des clichés privés pris sur le vif, qui rapidement évoluèrent vers des photographies spécialisées se rapportant aux sports, à la nutrition et au voyage. Avec son compte YouTube Pamela Rf et son compte Instagram pamela-rf, elle réunit à ce jour plus de 5 millions d'abonnés, qui la suivent au quotidien et partagent son amour du fitness. Son autre compte pamelagoesnuts divulgue ses recettes préférées et son savoir en matière d'alimentation saine et diététique.

Édition originale publiée en Allemagne, en 2019, sous le titre *You Deserve This*,
par Community Editions GMbH, Weyerstr. 88-90, 50676 Cologne, Allemagne.

Copyright © 2019 Community Editions GmbH

Texte : Pamela Reif
Stylisme : Pamela Reif
Maquette : BUCH & DESIGN Vanessa Weuffel

Crédits photo : © Anna Heupel : couverture, quatrième de couverture (bg, md), pages de garde,
pages 2, 4, 6 (h, b), 10, 17, 46, 55, 63, 65, 93, 117, 149, 173, 176, 203, 218 (hg, mg, md, bg, bd),
219 (hg, hd, mg, m, md, bg), 223 (bg, bd), pages de garde ; © Daniela Unrau : page 219 (bd) ;
© Pamela Reif : 4ᵉ de couverture (hd, bd, mb), page 6 (m), 12, 31, 42, 43, 58, 66-90, 94-114,
118-146, 150-170, 174, 178-200, 204-216 ; © Collection particulière : page 218 (hd).
Stock.adobe.com : (pages 19, 20, 23, 24, 29, 35, 37, 39, 41, 45) : aedkafl, © Africa Studio,
© alb470hanohiki, © Alessio Orru, © amy_lv, © anchietaxavier, © Anton, © Armando, © ArTo,
© AZP, © barmalini, © bbivirys, © beerfan, © breakingthewalls, © Brent Hofacker, © Carly Hennigan,
© ChiccoDodiFC, © Christian Jung, © cooperr, © Davizro Photography, © denira, © Diana Taliun,
© Emilija, © fabiomax, © francescodemarco, © irina, © Iuliia, © jonnysek, © Julia, © juliasudnitskaya,
© kaliantye, © kariphoto, © kiboka, © kuvona, © lastfurianec, © Leonid, © Marco2811,
© MarekPhotoDesign.com, © Markus Mainka, © Melica, © Metkalova, © nata_vkusidey, © Natalia
Mylova, © Natallia, © Olaf Speier, © olllinka2, © Patrik Stedrak, © Paul Pellegrino, © peangdao,
© phanuwatnandee, © pheeraphan, © philippev, © photocrew, © pichaitun, © Picture Partners,
© prapholl, © r_andrei, © Rahul, © red13fotostudio, © Sergey Skleznev, © sotopiko, © tarasylo,
© Tim UR, © ufotopixl10, © vpardi, © womue, © Worldwide, © yanadjan, © Zechal,
© Андрій Пограничний, © Игорь Головнёв

h = haut, m = milieu, b = bas, g = gauche, d = droite

Édition française
© Hachette Livre (Hachette Pratique), 2022

Direction : Catherine Saunier-Talec
Responsable artistique : Cécilia Rehbinder
Responsable d'édition : Lisa Grall
Édition : Florine Marguin
Traduction : Chantal Mitjaville
Mise en page : Else
Fabrication : Amélie Latsch

PAPIER À BASE DE
FIBRES CERTIFIÉES

hachette
PRATIQUE s'engage pour
l'environnement en réduisant
l'empreinte carbone de ses livres.
Celle de cet exemplaire est de :
1,8 kg éq.CO₂
Rendez-vous sur
www.hachette-durable.fr

Imprimé en Italie en 2022
Dépôt légal : avril 2022
86-5436-2
ISBN : 978-2-01-946202-4